I0100369

Inteligencia Emocional

La transformación mental de 21 días para dominar sus emociones, mejorar sus habilidades sociales y lograr mejores y más felices relaciones

PUBLICADO POR: James W. Williams

Tabla de Contenidos

Tu Regalo

Como una forma de agradecerle por su compra, quería ofrecerle un libro electrónico extra gratuito llamado "**Bulletproof Confidence**", exclusivo para los lectores de este libro.

Para obtener acceso instantáneo, ingrese aquí: tap here o la página:

https://theartofmastery.com/confidence/

Dentro del libro, descubrirás:

- ¿Qué es la timidez y la ansiedad social? y la psicología detrás de ellos.
- Estrategias simples pero poderosas para superar la ansiedad social.

- Desglosar los rasgos que hace a una persona segura de sí misma.
- Rasgos que debes DESTRUIR si quieres tener confianza.
- Técnicas sencillas que puedes implementar HOY para mantener una conversación fluida.
- Lista de confianza para asegurarse de que está en el camino correcto del autodesarrollo.

Introducción

En un mundo de constantes cambios, el conjunto necesario de habilidades de supervivencia sigue cambiando. Mientras que en algunas situaciones o durante ciertos períodos de la historia humana, la fuerza física y la resistencia habrían sido clave para la supervivencia, la "supervivencia" actual depende de la educación, las habilidades Tecnológicas de la Información (TI), las habilidades de negociación, el conocimiento de idiomas extranjeros, la gestión de relaciones, la autoconciencia y más.

A medida que pasamos de un entorno físico a un entorno más social, las habilidades que nos permiten sobrevivir, sobreponernos exitosamente y prosperar, cambiaron para adaptarse al mundo en que vivimos. Nuestra necesidad de habilidades de supervivencia física disminuyó gradualmente y creció nuestra necesidad de habilidades de supervivencia social.

La cultura global es compleja y diversa, y está claro que se necesita mucho más sensibilidad cultural tanto en nuestra vida cotidiana como, particularmente, en el lugar de trabajo. La mayoría de empleados son muy conscientes de que la empatía y la sensibilidad los ayudan a obtener lo mejor de sus equipos. Esta es la razón por la cual las habilidades de autoconciencia, conciencia social y autogestión se han vuelto críticas para el reclutamiento.

Hasta hace relativamente poco, la inteligencia se consideraba la clave del éxito en la vida. Se creía que un alto coeficiente intelectual era la habilidad máxima para el logro profesional y la felicidad personal, directamente relacionado con sus ingresos, salud y educación.

Sin embargo, en los últimos cincuenta años, nuestra comprensión de lo que hace a alguien exitoso o feliz ha cambiado drásticamente. Ahora sabemos que la inteligencia emocional, la combinación de emociones e intelecto, es lo que da a algunas personas un límite cuya ventaja principal es un alto coeficiente intelectual.

Ahora se acepta que un alto coeficiente intelectual no es garantía de éxito en ningún nivel. Solo cuando se combina un alto intelecto con inteligencia emocional, es probable que te ayude a llegar a donde quieras en la vida.

La inteligencia emocional se trata de tener la capacidad de nutrir y manejar tus emociones, y ser observador y sensible a las emociones de los demás. Se trata de mostrar empatía y estar dispuesto a participar en el dolor o en el éxito de las otras personas.

En general, se trata de un conjunto de habilidades que no solo te dan oportunidades de trabajo, sino que también te facilitan la comprensión y el manejo de los desencadenantes que pueden causar ciertas emociones.

Al igual que el alto coeficiente intelectual se ha sobrevalorado como un requisito para el éxito en la vida, también se subestimaron las emociones. La mayoría de nosotros hemos sido educados para creer que nuestras acciones son guiadas por nuestras mentes y generalmente no somos conscientes del importante papel que realmente las emociones juegan en nuestras vidas.

Puede sonar extraño, pero las emociones guían la mayoría de nuestras decisiones. Nos gustan las actividades, situaciones o personas que nos hacen sentir bien, seguros, amados, apreciados, queridos, etc. También tratamos de evitar aquellos que nos hacen sentir amenazados de alguna manera, usados, despreciados, menospreciados, asustados o avergonzados.

Cuando dominas el arte de la inteligencia emocional, no solo te das cuenta de tus sentimientos, de qué los desencadena y cómo manejan tus reacciones, sino que también desarrollas resiliencia al desencadenante del estrés o la ansiedad.

Las personas emocionalmente inteligentes saben cómo lidiar con situaciones o personas difíciles, tanto en el trabajo como en el hogar. Al fomentar su autoconciencia y autogestión, entienden por qué sienten lo que sienten y cómo reaccionar adecuadamente en una situación dada.

Hay muchas pruebas de que las personas emocionalmente inteligentes son generalmente más exitosas en la vida.

Al igual que saber cuándo luchar, huir o detenerse puede ser la diferencia entre la vida y la muerte, sabiendo cómo actuar o reaccionar bajo ciertas circunstancias, marca la diferencia entre manejar con éxito una situación difícil o decir o hacer algo de lo que luego te arrepentirás.

El truco con la inteligencia emocional es sensibilizarse para que seas más consciente de lo que sucede a tu alrededor, para comenzar a desafiar y comprender tus reacciones y sentimientos que los respaldan, y comenzar a mirar las emociones de los demás y sus comportamientos desde el punto de vista del individuo.

Esta guía paso a paso lo ayudará a llegar allí en 21 días.

El conocido orador motivacional Leo Buscaglia lo resumió maravillosamente cuando dijo: "Demasiado a menudo subestimamos el poder de un toque, una sonrisa, una palabra amable, un oído atento, un cumplido honesto o el más mínimo acto de cariño, todos los cuales tienen el potencial de cambiar la vida".

PARTE 1

Inteligencia Emocional: ¿Por qué son tan importantes ¨las habilidades sociales¨?

Día 1
Inteligencia Emocional

¿Qué es y qué no es?

La inteligencia emocional es la capacidad de reconocer, comprender y gestionar tus propias emociones, así como las de los demás. Una persona emocionalmente inteligente es consciente de sí misma y tiene la capacidad de sintonizarse con los sentimientos de otras personas.

La inteligencia emocional gira en torno de la conciencia emocional: la capacidad de identificar y nombrar emociones, tanto las suyas como las de los demás. El truco para dominar la inteligencia emocional es aprender a crear conciencia para que, con el tiempo, se vuelva gradualmente más y más inteligente emocionalmente.

Los cuatro elementos esenciales de la inteligencia emocional son:

- Auto-conciencia
- Autogestión
- Conciencia social
- Gestión de relaciones

Las habilidades emocionales no solo tienen que desarrollarse y cultivarse, sino que también deben mejorarse constantemente. Para mejorar estas habilidades, debes trabajar continuamente para aumentar tu autoconciencia, así como aprender sobre la comunicación no verbal, como el lenguaje corporal, el contacto visual, el tacto, etc.

Otro rasgo necesario para mantener la inteligencia emocional es una actitud positiva. Ser positivos acerca de la vida, mejora significativamente tu inteligencia emocional, pues te ayuda a resolver conflictos positivamente para que tú y los que te rodean puedan avanzar. A veces, todo lo que se necesita para que alguien lidie con el trauma es hablar sobre ello o hacer que alguien lo ayude a verlo desde un ángulo diferente. Otro aspecto de la inteligencia emocional no es detenerse en lo negativo, sino buscar soluciones.

Entonces, lograr la inteligencia emocional se trata de qué tan bien te conoces y te entiendes a ti mismo y cuánto esfuerzo pones para conocer y comprender a los demás.

5 pasos para la inteligencia emocional:

- **Reconoce tus propias emociones.**

Con algunas emociones como la ira o la tristeza, ser capaz de reconocerlas por lo que son es casi tan importante como encontrar una solución a lo que le preocupa. Cuando sepa a qué se enfrenta (p. Ej., Miedo, vergüenza, ira, etc.), sabrá cómo manejar mejor ese sentimiento.

- **Reconoce las emociones de otros.**

Es triste la poca atención que prestamos a los sentimientos de otras personas. No muchas personas están preparadas para escuchar a los demás y realmente tratar de entender lo que les preocupa. Además, como a menudo son nuestras propias palabras o conducta que los hacen sentir de esa manera: avergonzados, asustados, tontos, al ignorarlos a ellos o a sus sentimientos, nos aseguramos de no tener que asumir la responsabilidad de nuestras propias acciones.

- **Comprender diferentes sentimientos e identificarlos.**

Cuando tienes envidia de alguien, es porque crees que tiene algo que no se merece o porque logró obtenerlo, mientras tú no. Si estás enojado con alguien por lo que te ha hecho, ¿podrías tratar de no ignorar tu rol en lo que sucedió? Un paso esencial para lidiar con los sentimientos negativos es identificarlos y nombrarlos. Solo cuando sepas con qué estás tratando puedes encontrar una solución.

- **Usa esa información para guiar su toma de decisiones y comportamiento.**

Las personas emocionalmente inteligentes son plenamente conscientes de sus emociones, entienden lo que las desencadenan, saben cómo procesarlas y pueden usarlas de una manera que respalde la toma de decisiones o el comportamiento racional y responsable.

- **Manejar las emociones de acuerdo con las circunstancias.**

El truco de ser emocionalmente inteligente es saber cómo manejar las emociones (las tuyas y las de otras personas), o cómo adaptar tus sentimientos, comportamientos o palabras a ciertas situaciones. Por ejemplo, no usarías las mismas palabras, expresiones faciales o lenguaje corporal para animar a alguien, que cuando estás tratando con una persona indignada que necesita calmarse. Regular tu comportamiento y palabras a una situación o persona específica, particularmente en casos extremos, es crucial para lograr el efecto deseado.

Aunque son necesarias las diferentes emociones para la inteligencia emocional, la clave que se debe tener o desarrollar es la empatía. Esta es la capacidad de conectarse con las experiencias o sentimientos de otras personas. Por ejemplo, cuando una amiga te cuenta el drama que atravesó durante su proceso de divorcio, es tu trabajo apoyarla con palabras, lenguaje corporal y contacto visual. Debe escuchar con atención y participar activamente, en lugar de simplemente sentarse allí, pensando en tus propios problemas. Ponerte en los zapatos de otras personas se trata de caminar juntamente "con" ellos por lo que estén pasando, en lugar de simplemente escuchar pasivamente.

Muchos estudios muestran que estar dispuesto a ayudar y a conectar con otros en todos los niveles (emocional, mental y espiritualmente) hace que las personas emocionalmente inteligentes sean generalmente más saludables mentalmente, más exitosas en el trabajo y, a menudo, líderes de equipo fuertes y confiables. Además de eso, son más populares entre sus colegas y socios comerciales, principalmente porque las personas aprecian a quienes muestran preocupación.

La inteligencia emocional no es fácil de describir, incluso los psicólogos no están de acuerdo con lo que es y la importancia para el desarrollo personal o profesional. La inteligencia emocional también se malinterpreta fácilmente, ya que muchas personas suponen que es una especie de rasgo de personalidad, un grado de optimismo o un signo de felicidad, tranquilidad o motivación. La inteligencia emocional es NINGUNA de esas cosas.

Quizás Daniel Goleman, autor y periodista científico, describió mejor la inteligencia emocional cuando dijo que "en un alto coeficiente intelectual del reclutamiento laboral, las habilidades blandas como la disciplina, el impulso y la empatía marcan a aquellos que emergen como sobresalientes".

¿Por qué la IE es una herramienta tan poderosa y cómo aprovecharla al máximo?

Cuando comprendes cómo la alta inteligencia emocional te ayuda a desarrollar y fomentar las relaciones, tanto personales como profesionales, te das cuenta de la poderosa herramienta que es para tener éxito en la vida.

Las personas emocionalmente inteligentes saben cómo usar tanto sus corazones como sus mentes cuando tratan con otros. Aunque son empáticos, saben cómo evitar que otros se aprovechen de su amabilidad y disposición a ayudar, ya sean sus hijos, padres entrados en años, colegas o amigos.

Como todo tipo de desarrollo personal, aumentar tu inteligencia emocional es un proceso de toda la vida. Sin embargo, las habilidades que no se usan regularmente tienden a oxidarse. Para asegurarte de que esto no te suceda, nunca dejes de mejorar tu inteligencia emocional o pulir tus habilidades de escuchar y mentoreo.

4 formas de mejorar tu inteligencia emocional:

- **Conócete a ti mismo.**

Presta atención a cómo reaccionas y cómo te sientes cuando recibes buenas o malas noticias, cuando eres testigo de injusticias, cuando estás herido. Conoce tus propias emociones y lo que las desencadenan, como ciertas situaciones, personas o recuerdos.

- **Pensar dos veces.**

Acostúmbrate a no reaccionar de inmediato, tómate unos minutos para pensar en lo que vas a decir, escribir o hacer. A veces, todo lo que se necesita para evitar una situación difícil es dar un paso atrás y pensar. Identificar lo que desencadenó una emoción en particular, como la ira, la envidia, el miedo o la ansiedad, es crucial para comprender tus emociones y tu reacción en ciertas situaciones.

- **Analiza tus sentimientos y los de otras personas.**

Nunca ignores tus sentimientos, no importa cuán triviales puedan parecer. Aprenda a interiorizarlos y descubre por qué te sientes de cierta manera. La respuesta puede no ser siempre la que esperas, pero esa es la única forma en que realmente podrás comprenderte a ti mismo o a los demás.

- **Aprende de la crítica o de los errores.**

Se necesita madurez y confianza en ti mismo para no tomar las críticas personalmente. En lugar de enfadarte o echar humo de la rabia, piensa en lo que podrías aprender de cada experiencia. Trata de ser lo más objetivo posible, aunque en muchas situaciones, puede ser muy difícil.

Cómo la IE ayuda a su desarrollo personal y profesional

La inteligencia emocional se ha convertido en una habilidad muy solicitada. Sin embargo, aunque la empatía es algo natural para algunos, otros pueden tener que trabajar duro para desarrollar la autoconciencia y aprender a conectarse con los demás.

La inteligencia emocional es una de esas habilidades que te ayuda en casi todos los niveles y es tan importante para tu vida profesional como para tu desarrollo personal. Idealmente, esto debería ser algo que uses en tu vida cotidiana, tanto en la sala de juntas como en el hogar.

Tu viaje del desarrollo personal depende en parte a dónde esperas llegar en la vida, pero también de tu madurez y de las habilidades que sientes que necesitas desarrollar. Como este es un proceso de por vida, nunca es demasiado tarde para comenzar. La razón principal por la que la inteligencia emocional puede ayudarte a maximizar tu potencial, es en mejorar tus relaciones, lo que potencializa directamente tu confianza en ti mismo y tu posición social.

4 formas en que la inteligencia emocional apoya a tu desarrollo personal:

- **Tus relaciones personales mejoran.**

Ser capaz y estar dispuesto a comprender por qué los miembros de tu familia, amigos, colegas o vecinos se sienten de cierta manera es una señal de que te preocupas lo suficiente como para ayudarlos. A todos les agradan las personas que se preocupan.

- **Tu confianza incrementa.**

Las personas emocionalmente inteligentes no solo entienden las emociones, sino que saben cómo manejarlas para aprovechar al máximo una situación o al menos evitar empeorarla. Saber que puedes manejar cualquier situación, automáticamente te hace sentir menos ansioso, más estable y más seguro de ti mismo.

- **Eres respetado.**

Aquellos que encuentran tiempo y energía para escuchar los problemas de otras personas, tratan de ver las cosas desde su perspectiva y ofrecen ayuda o entrenamiento si es necesario, generalmente son muy populares. Son apreciados, respetados y fácilmente aceptados como líderes. La mayoría de las personas prefieren hablar que escuchar a los demás y realmente disfrutan ser el foco de atención de alguien, incluso si no están dispuestos a prestar tanta atención a los demás.

- **Desarrollas resiliencia.**

Ayudar a los demás te permite aumentar tu autoconciencia y habilidades sociales. También te ayuda a dominar el arte de manejar y usar tus emociones, para que gradualmente te vuelvas resiliente al estrés y seas más competente para lidiar con situaciones difíciles.

4 formas en que la IE puede ayudarte en tu desarrollo profesional:

- **Te vuelves popular entre tus colegas.**

Incluso si nunca lo dicen abiertamente, la gente apreciará a aquellos que estén dispuestos a escucharlos y que traten de entender por lo que están pasando.

- **Desarrollas buenas técnicas de gestión.**

Las personas emocionalmente inteligentes son buenos gerentes, por lo que esta habilidad se busca en el mundo corporativo.

- **Ser un buen líder.**

Ser un líder a menudo significa liderar con el ejemplo. Al tratar con tus colegas y empleados de una manera emocionalmente inteligente, les mostrarás la mejor manera de manejar el estrés y los desafíos.

- **Sus socios comerciales lo respetarán.**

Las personas emocionalmente inteligentes suelen ser excelentes negociadores y serán apreciados por los amigos y respetados por los competidores.

Para potenciar tu desarrollo profesional con inteligencia emocional, debes concentrarte en desarrollar esas habilidades que están directamente vinculadas con los cuatro elementos principales de la inteligencia emocional:

- **Autogestión**

Aprende a aceptar, controlar, expresar y usar tus emociones.

- **Conciencia Social**

Desarrolla empatía, aprende a interpretar el lenguaje corporal, presta atención al tono de voz y expresión facial y participa más en su comunidad (intenta ser voluntario o asiste a reuniones con personas de diferentes grupos sociales).

- **Gestión de relaciones**

La colaboración, el trabajo en equipo y la interconexión son cruciales en la mayoría de las profesiones. Aprende a desarrollar relaciones sólidas dentro de tu organización y con tus socios comerciales y ayuda apoyando a otros mediante el mentoreo o el asesoramiento. Nunca debes estar demasiado ocupado o cansado para escuchar a los demás.

- **Autoconciencia**

Mejora continuamente sus habilidades de autoconciencia desafiando tus puntos de vista, examinando cómo te siente y por qué, descubriendo lo que otros piensan de ti y por qué; reconociendo tus errores y considerando cómo tus palabras o acciones impactan a los demás. Todo esto te ayudará a comprenderte mejor. Aprende cuándo involucrarte y cuándo dar un paso atrás. Si te sientes abrumado, tómate un descanso, reconsidera e intenta nuevamente. Nunca dejes de pulir tus habilidades de autoconciencia.

Como dijo Satya Nadella, una ejecutiva de negocios estadounidense de la India, en uno de sus libros: "La energía que creas a tu alrededor quizás sea lo más importante que hagas. A la larga, la inteligencia emocional supera a la inteligencia cognitiva. Sin ser fuente de energía para otros, se logra muy poco".

Para Reflexionar:

1) De las cuatro habilidades esenciales de inteligencia emocional, ¿en cuáles ya eres bueno y en cuáles aún necesitas trabajar? ¿Cómo planeas mejorar las habilidades que te faltan?
2) Piensa en al menos dos situaciones en las que mejores habilidades de inteligencia emocional te ayudaron a manejar la situación de manera más profesional.
3) Crea un plan de acción sobre cómo puedes aplicar los principios de la inteligencia emocional para potencializar tu desarrollo personal.

Día 2

Emociones

¿Qué es la Empatía?

Como uno de los elementos clave de la inteligencia emocional, la empatía es la capacidad de identificarse con el dolor, el sufrimiento, la felicidad, el éxito, etc. de otras personas: la conciencia de los sentimientos y las emociones de quienes te rodean. A diferencia de la simpatía, que es "sentir por" alguien, la empatía es "sentir con" alguien.

Según el experto en inteligencia emocional Daniel Goleman, la empatía gira en torno a la comprensión y la aceptación.

4 elementos clave de la empatía, según Daniel Goleman:

- **Comprender a los demás.**

Para entender, primero que nada, tienes que escuchar con atención. Sin embargo, la mayoría de las personas no son muy buenos oyentes y prefieren ser escuchados. Aquellos que escuchan con empatía pueden sintonizar fácilmente las emociones y la historia de otra persona y esto les facilita ver las cosas desde su ángulo. Escuchar sin juzgar se trata de usar tanto el corazón como la cabeza para participar en las emociones de otra persona y al mismo tiempo brindarle el beneficio de la duda.

- **Fortalecer a otros.**

Un empático aprovechará todas las oportunidades para aumentar la confianza de los demás, alabar sus logros y felicitarlos por sus éxitos. Además, si un empático ve a alguien en apuros, ofrecerá desinteresadamente consejos amistosos o profesionales, mentoreo o entrenamiento para ayudarlos a superar una situación difícil, o al menos sentirse menos vulnerables.

- **Aprovechando la diversidad.**

Este es un proceso mediante el cual los gerentes emocionalmente inteligentes crean y desarrollan oportunidades para todos en el equipo, independientemente de su estado y experiencia. Al aprovechar los talentos y habilidades individuales de su equipo y proporcionar una oportunidad para que todos participen en un proyecto, los gerentes empáticos impulsan el espíritu de equipo y hacen que todos se sientan apreciados.

- **Conciencia política.**

Ser políticamente consciente significa ser capaz de captar los \ "trasfondos emocionales" de un entorno o tiempo en particular, y usarlas para guiar el trabajo del equipo u organización. Cuanto más grande sea el grupo de personas, más probable es que haya personas con intenciones ocultas. Un empático percibirá las vibras del grupo (un equipo, una familia, un grupo de amigos cercanos) y tratará con ellos con sensibilidad y flexibilidad.

Inteligencia emocional a través de las culturas

Eventos como la migración, el turismo, el comercio mundial y las corporaciones multinacionales han ayudado a expandir el mundo en una gran aldea global. Como resultado, la mayoría de las sociedades actuales están mucho más diversificadas culturalmente que hace cincuenta años. Esto es particularmente evidente en el lugar de trabajo.

Sin embargo, a pesar de la diversificación cultural general, la mayoría de las culturas individuales han conservado sus valores sociales en específico, lo que, entre otras cosas, explica por qué ser emocionalmente inteligente varía de una cultura a otra.

La inteligencia emocional consta de dos elementos clave: emociones e inteligencia. Para comprender completamente cómo las diferentes culturas entienden este fenómeno, debes comprender cómo definen la inteligencia. Como el entorno físico y social varía mucho en todo el mundo, también hace la relevancia de la inteligencia en diferentes culturas.

En otras palabras, ser inteligente en un país africano, asiático o de Europa occidental probablemente no requerirá cualidades idénticas.

En la cultura occidental, la inteligencia generalmente se mide por la velocidad y precisión de las habilidades mentales, así como por los logros académicos. Sin embargo, en África y Asia, las habilidades sociales juegan un papel mucho más importante en la inteligencia.

Si bien algunas culturas son en su mayoría impulsadas por el dinero, para otras, la familia y la comunidad son más importantes. Según los Entendimientos transculturales (Lynch, 2004), las personas en Asia y África aspiran a ganar lo suficiente para sobrevivir, con sus principales esfuerzos centrados en los objetivos familiares colectivos y la seguridad de toda la comunidad.

En las sociedades menos desarrolladas, donde la pobreza y las privaciones son comunes, ser útil y cooperativo es una habilidad mucho más deseada que ser altamente educado. Una persona servicial dispuesta a ayudar a otros con comida o dinero ayudará a mantener con vida a su familia y vecinos. Por otro lado, una persona educada puede ser respetada por sus logros académicos, pero su importancia para el bienestar de una comunidad será irrelevante hasta el momento en que comience a invertir en la sociedad y les facilite la vida.

Por otro lado, en los Estados Unidos, donde el dinero es un símbolo de estatus y poder y hay menos lazos familiares cercanos, cada hombre se vale por sí mismo.

Recientemente el Occidente ha reconocido relativamente que el comportamiento inteligente no solo se relaciona con los resultados académicos. Howard Gardiner propuso una teoría de que hay varios tipos de inteligencia, como lingüística, lógica, musical, naturalista, existencial, intrapersonal e interpersonal.

En general, reconocemos tres tipos de inteligencia no académicos. Sin embargo, la mayoría de ellos están ligados a la cultura; puede no ser reconocido como inteligencia en una cultura diferente.

3 tipos de inteligencia no académicos:

- **Inteligencia práctica**

Esta es la capacidad de resolver problemas de la vida real. Sin embargo, poder arreglar una computadora no significa que puedas arreglar una yurta en la tundra siberiana.

- **Inteligencia Social**

Una persona socialmente inteligente es capaz de comprender las emociones y los comportamientos de sí mismo y de los demás, dentro de su propia cultura. En Asia, donde la armonía social es el aspecto más importante de la vida y donde uno pone a la comunidad antes que a uno mismo, jactarse de su propio éxito se consideraría muy grosero. Por otro lado, en la mayoría de los países occidentales, la gente vive con el lema "Si lo tienes, presume", a menudo la gente se promocionará descaradamente, poniendo agresivamente sus propios intereses antes que nadie.

- **Inteligencia Emocional**

Las personas emocionalmente inteligentes son aquellas que reconocen y responden adecuadamente a sus propias emociones y las de los demás. En los países asiáticos, donde se le da especial importancia al equilibrio y la armonía, cualquier cosa que perturbe el equilibrio está mal visto. Como resultado, las personas a menudo reprimen sus emociones: nunca dejarán que otros vean cuando están sumamente felices o terriblemente molestos. Sin embargo, en las culturas occidentales, se alienta a las personas a expresar sus emociones y dejar de lado cualquier sentimiento reprimido, pero solo aquellos de la misma cultura tolerarían y apreciarían tal comportamiento.

Todo es relativo, incluida la inteligencia. Como Dostoievsky dijo en uno de sus libros: "Se necesita algo más que inteligencia para actuar de manera inteligente".

Tres emociones de la raíz éxito

Así que, el éxito en la vida, tanto a nivel personal como profesional, es una combinación de emociones, inteligencia y actitud. Tu percepción del éxito puede ser la clave de cómo lo lograrás, pero independientemente de tus antecedentes culturales y sociales, hay tres emociones universales que uno necesita para un éxito y felicidad duradera.

3 emociones son la raíz del éxito:

- **Empatía**

Independientemente de tu profesión o tu estilo de vida, necesitas conectarte con las personas, y la empatía te permite establecer una relación de confianza y comprensión. Lo que distingue a los empáticos de otras personas es su capacidad para escuchar con atención y leer entre líneas, si es necesario. Para convertirte en empático, intenta llegar a un punto en el que prefieras escuchar los problemas de otra persona que hablar de los tuyos.

- **Motivación**

La motivación te ayuda a mantenerte enfocado en tus objetivos, manteniéndote en el camino a pesar de los desafíos. Cuando careces de motivación, surge la duda y fácilmente puedes darte por vencido o esperar a que alguien más te diga qué hacer. Para desarrollar o aumentar tu motivación, trata de descubrir tu propósito en la vida. Sigue revisando tus objetivos, especialmente si tus circunstancias cambian y descubres la mejor manera de detener el diálogo interno negativo. Recuerda, cuanto mayor sea la motivación, mayor será el éxito.

- **Paciencia**

En el mundo moderno, todo se trata de velocidad. Comemos comida rápida, manejamos autos rápidos, esperamos resultados rápidos y esperamos un dinero rápido. En la cultura occidental, al menos, si no eres lo suficientemente rápido, la gente se pregunta ¿qué te pasa?

Sin embargo, tanto en los negocios como en la vida, a veces vale la pena ser paciente. No te apresures a ser el primero en poseer algo, ir a algún lugar o hacer algo, muestra gratitud por lo que tienes en lugar de pensar constantemente en lo que DEBES tener. El éxito no se trata de cuánto tienes, sino cuán valioso es para ti lo que posees.

Para Reflexionar:

1) ¿Ayudas a otros y no esperas nada a cambio? Si la respuesta es no, ¿por qué no? Si es así, ¿cómo te hace sentir eso?
2) Piensa en alguien de otra cultura con la que pasas mucho tiempo, ya sea en el trabajo, en un club o en

otro lugar. ¿Cuánto sabes sobre su cultura? Si muy poco, ¿por qué?

3) Haz una lista de tres cosas que te ayudan a mantenerte motivado.

Día 3

Inteligencia

¿ El alto coeficiente intelectual, es una medida del éxito en la vida?

Si bien existen muchos enfoques diferentes para el concepto de coeficiencia intelectual, ya no se considera la clave principal del éxito, aunque sí ayuda.

Nadie puede negar que un alto coeficiente intelectual ciertamente afecte tu capacidad de obtener un buen ingreso, lograr el éxito académico y mantener una buena salud hasta la vejez. Sin embargo, un alto puntaje de coeficiencia intelectual por sí solo no garantiza que utilizará la inteligencia superior con la que nació para lograr resultados sobresalientes.

Con los niños y los adultos jóvenes, depende de sus padres y maestros detectar su inteligencia excepcional y apoyarlos, para aprovecharlos al máximo. Con los adultos, depende de su propia madurez emocional, determinación y, tal vez, visión, hasta qué punto utilizarán su don.

Entonces, ¿qué es exactamente el coeficiente intelectual y cómo se mide? Las pruebas de coeficiente intelectual generalmente evalúan la capacidad de alguien para comprender, calcular, resolver problemas espaciales complejos y razonar. Se centran en cuatro elementos principales de la inteligencia: inteligencia verbal, numérica, espacial y lógica.

Existen diferentes tipos de pruebas de CI (para niños, adultos y personas con discapacidades), pero la mayoría tiene ciertas limitaciones. Es decir, evalúan solo tipos de conocimiento muy específicos, como vocabularios, habilidades para resolver problemas, etc., pero no miden el conocimiento práctico o el conocimiento que necesita para actividades como música, artes o deportes.

Además, ahora sabemos que se necesita mucho más que un alto coeficiente intelectual para convertirte en un profesional exitoso; muchos otros factores, como un entorno estimulante, un talento personal y perseverancia, juegan un papel tan importante o incluso más importante para determinar tus oportunidades de éxito.

Aunque los académicos no están de acuerdo con la importancia o incluso la relevancia de las pruebas de coeficiente intelectual, y muchos afirman que su importancia ha sido sobrevalorada, todos están de acuerdo en que un alto coeficiente intelectual definitivamente ayuda en algunos trabajos. Pero, aun así, sabemos que la diferencia entre un desempeño mediocre y sobresaliente a menudo tiene más que ver con la creatividad o la motivación que con su inteligencia, y estas cualidades no se pueden medir con una prueba de coeficiente intelectual.

También está la cuestión de cuán relevante es un puntaje de CI en diferentes culturas. En sociedades donde la inteligencia y el rendimiento académico son muy apreciados, como en Occidente, tener un alto coeficiente intelectual le brinda una oportunidad mayor de "lograrlo". Si bien, lograr resultados excepcionales también dependerá de tu motivación personal y confianza en ti mismo; se aprecia y se recompensa un alto puntaje de CI en la cultura occidental.

Por otro lado, en sociedades donde los fuertes lazos familiares y sociales son clave para la felicidad y el éxito en la vida, un alto coeficiente intelectual puede ser completamente irrelevante para la posición social de uno.

Un alto coeficiente intelectual puede o no ayudarte a lograr grandes cosas en la vida, porque para un éxito verdadero y duradero, tus esfuerzos personales tendrán que ser impulsados por muchos otros factores, como el apoyo familiar, las oportunidades disponibles, los valores culturales y más.

¿Está sobrevalorada la inteligencia?

A pesar de la evidencia de que el coeficiente intelectual no está directamente relacionado con el éxito en la vida y que otras habilidades son más, o al menos igualmente importantes, en la cultura occidental, la inteligencia aún recibe mucha atención. Esto a pesar de que numerosos estudios demuestran que sus habilidades de comunicación, negociación y liderazgo, tienen muchas más probabilidades de afectar su éxito profesional que su inteligencia.

Por ejemplo, tener buenas relaciones con tus clientes puede brindarte más trabajo gracias a la confianza brindada; o saber cómo negociar el mejor acuerdo posible para tu empresa, o para usted mismo, puede hacerlo más exitoso profesionalmente, o guiar hábilmente a tu equipo a través de un período de transición difícil puede ayudarte a mantener a tus mejores empleados.

Incluso las personas con menos educación y un coeficiente intelectual más bajo, pero que están altamente motivados, tendrán una mejor oportunidad de éxito que alguien que sea excepcionalmente inteligente y altamente educado, pero que carece de la visión o el optimismo para seguir atravesando tiempos difíciles.

Daniel Goleman, experto en inteligencia emocional, señala que el CI representa solo alrededor del 20% del éxito de una persona. El 80% restante depende de tu inteligencia emocional: las diversas habilidades sociales que incluso aquellos que no tienen acceso a la educación superior, o aquellos con un coeficiente intelectual más bajo, pueden dominarlo fácilmente.

De cualquier forma que lo mires, un alto coeficiente intelectual no es lo que más necesitas para tener éxito profesionalmente. Cosas como la honestidad, la flexibilidad, la voluntad de trabajar duro, las habilidades específicas (como la construcción, la conducción, programador de tecnología de la información, las finanzas, etc.), la buena gestión y la madurez emocional son las que, eventualmente, te van a ayudan a lograr resultados sobresalientes.

Como resultado, el CI no es tan importante para nuestro éxito general en la vida como nos hicieron creer. Ya sea que lo sepamos o no, nosotros, a menudo inconscientemente, elegimos estar o trabajar con personas que creemos que son honestas, eficientes, confiables, amables o serviciales, independientemente de cuán inteligentes sean. Cuando eliges a alguien con quien compartir tu vida, ya sea personal o profesional, tus cualidades de carácter son mucho más relevantes que tu inteligencia.

Como señaló Robert Sternberg, cuanto mejor sea el resultado de tu prueba de coeficiente intelectual, peores serán tus habilidades prácticas y viceversa.

CI vs. IE

La principal diferencia entre el CI y la IE es el enfoque. Mientras que el CI se enfoca en las habilidades académicas y la inteligencia pura, la EI trata de la capacidad de identificar, controlar y expresar emociones.

Mientras que las personas con un alto coeficiente intelectual son excelentes científicos y académicos, aquellos con un alto índice de inteligencia emocional son buenos líderes y jugadores de equipo. La respuesta a cuál cualidad es más importante, radica en parte en a quién le preguntas, pero también qué cualidades se buscan para una profesión o situación en particular.

Sería justo decir que tanto el CI como la IE son importantes para una vida plena. Sin embargo, se relacionan con diferentes cualidades: el CI compara la edad mental con la edad cronológica, mientras que la IE mide la capacidad para recibir, procesar y manejar las emociones.

Durante mucho tiempo, se creía que el CI era el más importante de los dos tipos de inteligencia, la clave del éxito, ahora conocemos sus dos limitaciones principales:

- **Un puntaje de alto coeficiente intelectual no es garantía de éxito**

La inteligencia superior por sí sola, sin trabajo duro, optimismo y empuje, no te llevará muy lejos. Solo si se combina con otros factores importantes, como la visión y las habilidades sociales, puede traer un éxito duradero.

- **Las pruebas de coeficiente intelectual no siempre son relevantes**

Incluso una persona altamente inteligente no puede saberlo todo, especialmente si un conocimiento específico es completamente irrelevante para la cultura de la que proviene. Esto significa que las pruebas de coeficiente intelectual son aplicables solo a aquellas personas con antecedentes culturales y sociales similares. Además, la mayoría de las pruebas consisten en elementos escritos y hablados, por lo que los no nativos nunca pueden hacerlo tan bien como los candidatos nativos.

La mayor ventaja de un alto coeficiente intelectual es que hace que sea más fácil ganar una beca. Las personas inteligentes disfrutan aprendiendo y lo hacen fácilmente, por lo que un alto coeficiente intelectual lo convierte en un candidato muy solicitado para una beca.

Además, en ciertas profesiones, particularmente aquellas relacionadas con la ciencia, un alto coeficiente intelectual es una señal definitiva de que el individuo, capaz de aprender rápidamente y dispuesto a mejorar y mejorar constantemente sus conocimientos y habilidades, ayudará a avanzar en el campo en el que se especializa.

Sin embargo, se sabe que muchas personas con un alto coeficiente intelectual sufren de depresión y ansiedad, posiblemente porque tienden a analizar en exceso las experiencias personales y a insistir demasiado en los detalles, lo que a menudo les causa tensión y problemas innecesarios.

A pesar de los beneficios obvios de un alto coeficiente intelectual, hay un debate en curso sobre cuán relevantes e imparciales son las pruebas de inteligencia, porque se sabe que las personas de entornos más ricos, con mejores oportunidades de aprendizaje, generalmente obtienen mejores resultados en las pruebas de coeficiente intelectual. Aunque no significa que aquellos con menos oportunidades son menos inteligentes.

Si bien es probable que este debate continúe de manera indefinida, tal vez el dilema del CI vs. IE se resume mejor con la siguiente declaración: "el CI lo contrata, pero la IE lo promueve".

Para Reflexionar:

1) ¿Prefieres tener un alto CI o IE? ¿Por qué?
2) ¿Cuál de los dos crees que es más importante para el éxito general en la vida? ¿Por qué?

Día 4

Relaciones

Tipos de Relaciones

Una relación es cómo nos conectamos entre nosotros y al ser animales sociales, necesitamos relaciones para sentirnos "completos".

Aunque hay muchos tipos de relaciones, y tantas razones por las cuales las personas entran en ellas, la conclusión es que necesitamos contacto con otras personas por el bien de nuestro bienestar emocional. Las relaciones nos brindan estabilidad mental, seguridad física, amistad y nos ayudan a vencer la soledad. Y, por último, pero no menos importante, a través de las relaciones, aprendemos y crecemos.

Los humanos somos seres complejos y sofisticados, que nos reflejamos en los diferentes tipos de relaciones que establecemos y fomentamos a lo largo de nuestras vidas.

5 tipos básicos de relaciones:

- **Relaciones Familiares**

Una familia es un grupo de personas que viven juntas en un hogar. Los roles y las relaciones dentro de una familia ya no son tan claros como solían ser y varían enormemente entre las culturas, así como a lo largo de su propia vida. Estas relaciones generalmente incluyen a tus padres, hermanos y familiares.

- **Relaciones Amicales**

La amistad es un vínculo estrecho entre dos personas, basado en intereses compartidos y vínculos emocionales. Ninguna relación es estática: las amistades también pueden cambiar, pero siempre deben mantener una conexión con afecto y confianza. Los lazos establecidos con algunos amigos pueden durar toda la vida, ya que estas son a menudo las personas en las que más confiamos durante los momentos críticos de nuestras vidas.

- **Relaciones Románticas**

En una relación romántica, compartes tus sueños, tus pasiones y tu intimidad con tu pareja. Se apoyan y confían mutuamente, y basan su relación en el amor, la igualdad y el respeto. Sin embargo, una relación romántica no es un cuento de hadas, hacerla funcionar requiere madurez y paciencia. Estas relaciones se refieren a nuestros novios, novias, cónyuges y parejas.

- **Relaciones Profesionales**

Las personas que trabajan juntas comparten una relación profesional. Este tipo de relación existe solo para que se pueda realizar un trabajo en particular. Si no fuera por el trabajo, estas personas probablemente nunca desarrollarían una conexión. Las relaciones profesionales se forman entre colegas, miembros de equipo, gerentes, empleados, clientes, usuarios, etc. La mayoría de las personas pasan largas horas en el trabajo, por lo que vale la pena hacer un esfuerzo para establecer buenas relaciones profesionales con aquellos con quienes pasa tanto tiempo.

- **Relaciones Casuales**

Según una serie de encuestas, muchas personas son adictas a las redes sociales y pasan seis o más horas diarias en Facebook, Twitter y otras formas de redes sociales. Estos "adictos" constantemente verifican las actualizaciones de estado o "acosan" los perfiles en línea de las personas.

Se pueden formar relaciones casuales con personas que conocemos regularmente u ocasionalmente, que pueden incluir vecinos, colegas, paseadores de perros con los que chatea todos los días, con quienes se encuentra a través de las redes sociales o en fiestas o clubes a los que pertenece.

Las relaciones no son inamovibles y a menudo cambian con el tiempo. Muchas personas cometen el error de dar por sentado una relación, olvidando que todas las relaciones requieren cuidado y "mantenimiento".

Sin embargo, a veces podemos superar ciertas relaciones o estilos de vida. No importa cuánto intentes mantener viva una relación, si el "pegamento" que la mantiene unida comienza a menguar, como tus intereses o prioridades mutuas, la relación eventualmente también se extinguirá.

¿Cómo debilitar una relación romántica?

Más que cualquier otro tipo de relación, las relaciones románticas nos hacen sentir completos, es por eso que a nuestra pareja o cónyuge a menudo se la conoce como nuestra "persona especial" o nuestra "media naranja". Sin embargo, encontrar a alguien con quien compartir tu vida es mucho más fácil que hacer que esa relación dure.

Una relación es como una calle de doble sentido, se necesitan a ambos para mantener viva la llama.

Hacer que una relación funcione requiere madurez, compromiso y energía, algo de lo que muchas personas ignoran ingenuamente o no desean invertir. Si bien hay muchas razones por las que las relaciones fallan, las más comunes tienen que ver con la honestidad.

6 comportamientos comunes que sabotean una relación romántica:

- **Deslealtad**

Te vuelves desleal si comienzas a priorizar a otras personas antes que a tu pareja, si mantienes contacto con la pareja anterior, o si estás "casado" con tu trabajo o un club. Otro comportamiento que muchas personas ven como deslealtad es cuando prefieres hacer algo con alguien más que con tu pareja.

- **Mentir**

La deshonestidad destruye la confianza y la seguridad en una relación. Es particularmente malo si un compañero finge que todo está bien pero, en el fondo, sabe que la relación no tiene futuro. Las personas a veces recurren a mentir para no lastimar a su pareja, pero esa relación está condenada: cuanto más tiempo sigas mintiendo y fingiendo, más le harás daño al final.

- **Compromiso condicional**

Esto sucede cuando sabes que la relación en la que estás no es lo que estabas buscando y, aunque permaneces en ella, mantienes un ojo abierto para algo "mejor". Entonces, en lugar de romper, permaneces en la relación solo para evitar estar solo, pero todo el tiempo buscando activamente algo que te convenga más.

- **El egoísmo / egocentrismo**

Ser egoísta significa que todo se trata de "yo" en lugar de "nosotros": esperar que su pareja lo consuele o cuide de usted, mientras que lo culpa indirectamente cuando no se siente bien, como si todo fuera su culpa. Este comportamiento es común en personas que se niegan a asumir la responsabilidad de sus propias vidas y sentimientos. Las personas maduras saben que depende de ellos cuán felices o miserables se sienten al final del día.

- **Unir fuerzas con alguien contra su pareja**

Cuando haces una coalición con otra persona, como tu familia o amigos, para ir contra de tu pareja. El mensaje que está enviando es "todos estamos en su contra", implica que deben ceder y hacer lo que usted dice.

- **Chantaje**

Las personas que obtienen lo que quieren de su pareja al amenazar con irse, solicitar el divorcio, dejar de comunicarse o incluso suicidarse.

¿Qué tanto la IE le ayuda a mejorar sus relaciones?

Lo creas o no, la mayoría de nosotros podríamos beneficiarnos al mejorar nuestras habilidades de inteligencia emocional.

Los individuos emocionalmente inteligentes no solo son más observadores y considerados, sino que también están más alineados con sus propias emociones y las emociones de los demás. La cultura occidental promueve la individualidad y el egocentrismo de una manera que alienta a las personas a centrarse en sus objetivos individuales. Hay muy poca necesidad de conectarse con otros, razón por la cual muchas personas no lo hacen. Tu vida te pertenece y tienes derecho a vivirla como quieras. Sin embargo, en caso de problemas, usted está solo: esta cultura se trata de "sálvese quien pueda".

Por otro lado, en las culturas o comunidades donde las personas dependen más de otros para recibir asistencia de algún tipo, es mucho más probable que "escuchen" un grito de ayuda u ofrezcan una mano de ayuda antes de que ocurra una crisis. Solo cuando todos tienen al menos sus necesidades básicas satisfechas, los miembros de la comunidad pueden relajarse. Cuanto más pobre es la comunidad, y más interdependientes unos de otros, más actúan los miembros de la comunidad en "unidad".

En Occidente, recientemente reconocimos la importancia de la inteligencia emocional para nuestro bienestar general y la necesidad de al menos tratar de comprender el punto de vista de la otra persona. Como se ha perdido mucha interconexión en el mundo desarrollado, ahora están tratando de volver a aprender habilidades que una vez llegaron naturalmente a todos los humanos, para sintonizar y percibir vibras en nuestro entorno.

9 razones por las que la alta inteligencia emocional te ayuda a mejorar tus relaciones:

- **Mejoras tu autoconciencia**

En otras palabras, te conoces mejor. Esto podría significar cualquier cosa, desde darse cuenta de cuán egocéntrico puede ser hasta aprender a pulir las habilidades de tu gente para que dejes de desanimar involuntariamente a las personas.

- **Aprendes a manejar las críticas**

Cuando dejas de sentir que otros quieren atraparte, te das cuenta de que, a veces, la retroalimentación negativa puede hacer más por tu desarrollo personal que las palabras falsas y vacías de "lo estás haciendo bien". A menos que sea malicioso, con el objetivo de lastimarte o avergonzarte, las críticas pueden ayudarte a cambiar de dirección antes de que sea demasiado tarde.

- **Dejas de ignorar tus sentimientos**

Algunas personas, especialmente los llamados "benefactores", están tan obsesionados con la necesidad de hacer algo por alguien que nunca se les ocurre que ellos también tienen necesidades que no deben ignorarse. Muchos se comportan así por culpa (real o imaginaria) y a menudo ignoran sus propias necesidades, creyendo que hay quienes son más necesitados que ellos.

Hay una razón por la cual el mantra al que todas las personas exitosas se adhieren es "Págate a ti mismo primero". Nunca ignores tus propias necesidades o sentimientos, especialmente emociones como tristeza, miedo o ansiedad, porque hay una razón por la que te sientes de esa manera. Las personas emocionalmente inteligentes reconocen y permanecen con sus sentimientos hasta que descubren qué los desencadenó.

- **Te conviertes en un oyente activo**

Si bien es cierto que las personas a menudo se aprovechan de aquellos que están dispuestos a escuchar sus problemas, ser un oyente activo consiste básicamente en colocarse temporalmente en segundo lugar y permitir que alguien se desahogue. Incluso si no hay nada que pueda hacer para ayudarlos, solo demostrar que se preocupa es a menudo toda la ayuda que necesitan.

- **Aprendes a desafiar tus sentimientos y a reconocer y comprender los desencadenantes detrás de ellos**

Con la práctica, esto se vuelve automático, pero al principio puede que tengas que detener lo que estás haciendo y analizar por qué sientes lo que sientes hacia alguien o sobre una situación en particular. A medida que te vuelvas más consciente de lo que te hace sentir de cierta manera, aprenderás a aplicar esto a los demás: podrás captar cómo reaccionan los demás, o tu actitudes, a ciertas noticias, eventos o palabras.

- **Te vuelves más tolerante**

La población humana ha explotado en los últimos cien años, lo que hace imperativo aprender a ser adaptable o más tolerante. Ahora tenemos que viajar en autobuses sobrecargados, conducir durante horas en tráfico intenso y trabajar estrechamente con personas de diferentes orígenes sociales, políticos y religiosos. La inteligencia emocional no solo puede ayudarnos a afrontar a tales entornos, sino incluso beneficiarnos de ellos.

- **Te vuelves más respetuoso y considerado con los demás**

Al adoptar valores como la diversidad cultural, la complejidad social y la libertad religiosa, las personas con alta inteligencia emocional pueden adaptarse fácilmente a cualquier entorno. No solo son tolerantes, sino que son respetuosos e interesados en la diferencia de los demás.

- **Comprendes mejor los motivos y el comportamiento de los demás**

Cuando dejes de verte a ti mismo como el centro del universo, comenzarás a interesarte por los demás y a prestar más atención a sus opiniones, sentimientos y motivos.

- **Aprende a resolver conflictos con éxito**

El truco con los conflictos es encontrar una solución antes de que la situación se salga de control.

- **Empiezas a ver las cosas desde el punto de vista de otras personas.**

Esto es necesario porque a menudo estamos enojados con los demás por algo que hicieron o dijeron, sin tomarse el tiempo y molestia para tratar de ver esa situación o incidente en particular desde su perspectiva.

Para Reflexionar:

1) ¿Luchas por construir relaciones con nuevos colegas cuando comienzas un nuevo trabajo? ¿Cómo lo haces?
2) Enumera cuatro formas de hacer que una relación dure. Considera el dicho: "Se necesitan dos para bailar tango". ¿Está de acuerdo?
3) Considera lo que verías si trataras de mirarte a ti mismo a través de los ojos de otra persona. Piensa en alguien a quien no le gustes y trata de imaginar lo que siente por ti. ¿Por qué crees que se sienten así?

Día 5

Carrera Profesional

Inteligencia emocional y elección de carrera profesional

Tener éxito en una carrera tiene mucho que ver con reconocer y aprovechar al máximo tus talentos, habilidades y rasgos de carácter. El conocimiento de estos puede ayudarlo a elegir una carrera la cual se le adecue mejor, lo que eventualmente le permitirá vivir la vida que siempre ha soñado.

Deja de intentar vivir el sueño o la preocupación de otra persona, ya que puedes estar decepcionando a otros. Elegir una carrera que sea más adecuada también significa que es mucho más probable que te apasiones por lo que estás haciendo con tu vida.

Ciertas profesiones requieren una gran inteligencia emocional, por ejemplo, poder mantener la calma bajo presión, o lidiar con situaciones difíciles sin explotar o estallar en lágrimas, o comprender y tolerar cuando alguien descarga sus sentimientos negativos sobre ti.

Algunas de las carreras que requieren alta inteligencia emocional:

- **Ventas**

Esta profesión es para personas orientadas a las relaciones y para aquellos que disfrutarían construir relaciones a largo plazo con sus clientes.

- **Liderazgo**

Una de las habilidades más importantes de un buen líder es la empatía, por la sencilla razón de que ayuda a generar confianza.

- **Psicología**

La inteligencia emocional es posiblemente la habilidad más importante que necesitan los profesionales de la salud mental, ya que mejora significativamente la comunicación entre un terapeuta y un paciente.

- **Trabajo Social**

Solo las personas altamente empáticas pueden trabajar con éxito con individuos y familias marginados o en riesgo.

- **Política**

Los políticos más populares suelen ser aquellos que se deleitan en servir a la gente y están preparados para escuchar a todos.

Hay muchas otras profesiones en las que el éxito laboral o la felicidad profesional dependen de un alto nivel de inteligencia emocional.

Algunas profesiones, como la enfermería y la enseñanza, son ideales para personas con alta inteligencia emocional. Si alguien con poca inteligencia emocional se involucra en una situación o un trabajo que requiere inteligencia emocional y rasgos como la paciencia, la empatía y las habilidades interpersonales, no podrá hacer el trabajo correctamente o necesitaría mucho más tiempo y energía para hacerlo bien, por la sencilla razón que esas habilidades no son sus mayores fortalezas profesionales.

Esta es la razón por la cual el perfil del trabajo es tan importante, especialmente para los jóvenes que aún no son conscientes de cuán enfáticos o emocionalmente indiferentes son. Se necesita cualidades y habilidades muy diferentes para ser un buen contador en comparación con una buena enfermera.

Inteligencia emocional en el centro de trabajo

El trabajo en equipo se está volviendo extremadamente importante en los centros de trabajo y, como resultado, la inteligencia emocional se ha convertido en una habilidad muy solicitada, especialmente dentro de las grandes corporaciones que emplean a miles de personas de entornos sociales muy diferentes.

La razón principal por la que la inteligencia emocional es tan importante en un lugar de trabajo es que permite que las personas trabajen bien juntas y desarrollen buenas relaciones profesionales, a pesar de tener pocas cosas en común.

Por lo tanto, aprender a llevarse bien con los demás, lidiar con un cambio constante y poder trabajar en equipo con éxito, es lo que hace que las personas sean más empleables hoy en día. Por su parte, las organizaciones pueden ayudar a promover el "espíritu" de la inteligencia emocional mediante la creación de entornos de trabajo que fomenten la tolerancia, la comprensión mutua y la buena comunicación.

Las 4 relaciones profesionales más comunes en el centro de trabajo:

- Relaciones entre colegas.
- Relaciones entre la gerencia y el personal.
- Relaciones entre gerentes.
- Relaciones entre el personal y socios externos, clientes, beneficiarios y competidores.

Los centros de trabajo con un alto nivel de inteligencia emocional en el personal y la administración, benefician tanto al empleador como al empleado. El personal es mucho más feliz cuando se siente motivado, apreciado y adecuadamente recompensado, mientras que los empleadores se benefician porque los empleados satisfechos son más eficientes y productivos.

Cada vez, más organizaciones están comenzando a reconocer la importancia de la inteligencia emocional en la creación de un entorno de trabajo dinámico, donde tanto el personal como los clientes se sienten valorados y apoyados. A cambio, continúan apoyando a la organización, una situación en la que todos ganan.

Inteligencia emocional y agotamiento laboral

Si bien la autoconciencia y las buenas técnicas de comunicación generalmente mejoran su rendimiento y reducen su estrés, hay trabajos o situaciones en las que la inteligencia emocional, particularmente la empatía, en realidad puede contribuir al agotamiento del trabajo.

Algunos estudios afirman que ciertas profesiones, como las enfermeras, los médicos y los niñeros, especialmente en países donde los hospitales tienen poco personal, son mucho más propensas a experimentar agotamiento laboral si tienen una alta inteligencia emocional. Sus trabajos estresantes implican contacto directo con muchas personas, exposición a muerte y sufrimiento, y largas horas de trabajo, lo que los hace altamente susceptibles al agotamiento.

Por otro lado, hay muchas pruebas de que ayudar al personal a desarrollar inteligencia emocional en realidad puede ayudarlos a lidiar con el estrés y prevenir el agotamiento.

Si bien la gran carga laboral y las largas horas de trabajo combinadas con las obligaciones de la vida familiar, son potencialmente la principal causa del agotamiento del trabajo, mucho depende del trabajo. Si su trabajo le permite ver cómo su esfuerzo marca una diferencia, como en las salas de maternidad o en hogares de ancianos, es mucho más probable que tenga satisfacción laboral y esté protegido del desgaste emocional que conduce al agotamiento. Este no suele ser el caso para quienes trabajan con el público en general, o tienen trabajos de oficina aburridos y repetitivos.

El desgaste emocional es visto como uno de los principales contribuyentes al agotamiento. Esto generalmente ocurre cuando se espera que muestre emociones a los clientes, por ejemplo, sonría y sea cortés, incluso cuando los clientes sean groseros o agresivos, o cuando tal vez esté teniendo un mal día. El desequilibrio emocional entre tus sentimientos reales y los sentimientos que exhibes al público, si no lo abordas y persistes, terminarás fácilmente en agotamiento.

Diferentes estudios muestran que definitivamente hay un vínculo entre el desgaste emocional y el agotamiento. El estrés prolongado hace que las personas se sientan emocionalmente desgastadas, y una vez que eso sucede, a menudo no tienen más remedio que comenzar a dejar de involucrarse con los demás.

Si bien esto puede ayudarlos a lidiar con la presión, a menudo contribuye a varios comportamientos negativos, porque pueden descuidar muchos de sus deberes y sentir que están decepcionando a sus pacientes o clientes.

Sin embargo, las personas con niveles más altos de inteligencia emocional tienen la ventaja de saber cómo procesar sus emociones antes de que se conviertan en actitudes o comportamientos negativos. Entonces, aunque las personas empáticas a menudo pueden quedarse cortos, están mejor equipadas para enfrentar los desafíos de las profesiones estresantes.

En conclusión, el desgaste emocional puede proteger y contribuir al agotamiento del trabajo. Quizás la solución sea buscar un empleo para el que esté emocional y mentalmente preparado, en lugar de un trabajo que choque con su temperamento o fortalezas personales solo porque está bien pagado o es interesante.

Para Reflexionar:

1) ¿Cuál es el trabajo de tus sueños? ¿Qué tan importante es la inteligencia emocional para ese trabajo?

2) Piensa en un conflicto que presenciaste en un lugar de trabajo que podría haberse resuelto mucho más profesionalmente si la inteligencia emocional de los participantes hubiera sido mayor. ¿Cómo lo habrías manejado?

3) Si todavía estás considerando qué carrera es la más adecuada, pregúntate cuánta presión emocional estarías preparado para soportar. ¿Fácilmente finges una sonrisa? ¿Tomas las críticas personalmente? ¿Cómo lidias con el dolor y el sufrimiento de otras personas? Antes de invertir tiempo y energía en el desarrollo de la inteligencia emocional, asegúrese de que tu tiempo quizás no esté empleándose mejor en desarrollar diferentes habilidades.

Día 6

Liderazgo

Buenas habilidades de liderazgo para el éxito en la vida

Hay situaciones en las que, sin un liderazgo fuerte, se hace imposible avanzar. Los líderes se presentan en muchas formas, tales como líderes innovadores, autoritarios, afiliativos, coaching, coercitivos o democráticos.

Sin embargo, independientemente de su estilo y agenda, están ahí para liderar, ya sea un equipo, organización, familia o clan.

El liderazgo se trata de hacerse cargo, dar dirección y decidir la mejor manera de lograr los objetivos establecidos para un grupo particular de personas.

Pero, los grandes líderes también necesitan tener carisma personal y el poder de inspirar a otros. Como señaló Dwight Eisenhower, "El liderazgo es el arte de conseguir que otra persona haga algo que quieres hacer porque ÉL QUIERE hacerlo".

Para poder guiar e inspirar a otros, los líderes deben armarse con un conjunto de grandes habilidades de administración, así como una alta inteligencia emocional. También necesitan mucha confianza en sí mismos y autoestima, así como suficiente resistencia para no sentirse emocionalmente agotados después de lidiar con situaciones o personas difíciles.

Por lo tanto, las cualidades que los líderes aportan, establecen tanto el estilo en el que liderarán, como la creatividad y la confianza con las que llevarán a su equipo u organización a un nuevo nivel.

<u>13 cualidades que tiene un buen líder:</u>

1) Tienes visión y puedes ver el panorama general.
2) Usted está muy motivado y motiva fácilmente a otros.
3) Tienes grandes habilidades de inteligencia emocional.
4) Eres creativo y tus logros reflejan que lo eres.
5) Tienes confianza.
6) Apoyas a tu comunidad / equipo / organización.
7) Sabes Escuchar.
8) Lideras con el ejemplo.
9) Tiene grandes habilidades de administración: sabes cuándo liderar y cuándo dar un paso atrás para permitir que otros se hagan cargo.
10) Nunca dejas de aprender y mejorar.
11) No tienes miedo de tomar el primer paso y tomar riesgos calculados.
12) Proporcionas orientación y dirección.
13) Elevas la moral en tiempos de crisis.

En un entorno empresarial, el liderazgo es un aspecto importante de administración . En términos de habilidades de liderazgo fuera del mundo empresarial, como un líder comunitario, líder de equipo o líder deportivo, tu función principal es hacer que las comunidades o grupos sean más fuertes, unidos y enfocados, al tiempo que ofrecen orientación, apoyo y dirección, especialmente durante tiempos difíciles.

¿Por qué la inteligencia emocional es crítica para los líderes?

A medida que el liderazgo gira en torno a los líderes, los grandes líderes necesitan tener grandes habilidades en las personas. De todas las habilidades mencionadas que un líder capaz debe demostrar, las más importantes son aquellas que lo convierten en una "persona carismática".

Las personas con alta inteligencia emocional pueden pasar con gracia a roles de liderazgo, principalmente porque incluso si no tienen todas las habilidades necesarias, pueden desarrollarlas fácilmente en el trabajo.

Si crees que eres emocionalmente inteligente, es probable que seas un buen líder. En cuyo caso, desarrollar habilidades clave de liderazgo no sería un problema.

<u>5 habilidades de liderazgo en que la alta inteligencia emocional te ayuda a sobresalir:</u>

- **Comunicación**

No hace falta decir que un gran líder tiene que estar dispuesto a escuchar y escuchar lo que su equipo, comunidad, empleados o clientes tienen que decir. También tienen que poder transmitir claramente sugerencias, direcciones y decisiones. Si bien las buenas técnicas de comunicación son muy importantes en la vida, son absolutamente cruciales en las posiciones de liderazgo.

- **Autoconciencia**

Solo las personas que están dispuestas a prestar atención y reconocer las emociones de los demás, así como poder percibir los trasfondos del equipo que dirige, pueden esperar comprender completamente la dinámica y las interacciones que pueden ocurrir.

- **Manejo emocional**

Ser un líder significa que sabes cómo manejar tus emociones, así como las de los demás. Se trata de mantener el control sin tener que controlar todo, todo el tiempo.

- **Conciencia social**

Esta habilidad permite a los líderes sentirse conectados con aquellos a quienes lideran. Los grandes líderes están tan bien sintonizados con la forma en que su equipo o comunidad "respira", que comprenden fácilmente qué desencadena sus emociones y reacciones. Esto es particularmente importante en situaciones que solo se pueden entender e interpretar desde la atmósfera predominante, donde un buen líder puede captar fácilmente los trasfondos sutiles.

- **Habilidades de resolución de conflictos**

En algunos entornos, o bajo ciertas circunstancias, esta puede ser una de las habilidades más importantes que necesita un líder. Conflicto en un centro de trabajo, o situaciones en las que los clientes, el personal o los clientes enojados, infelices o groseros te quitan las emociones, te exigen que mantengas la calma, escuches con atención, te disculpes y simpatices, sin tomarlo personalmente.

Para Reflexionar:

1) Nombra dos personas que para ti, son grandes personajes de un buen líder. Explicar por qué.

2) ¿Crees que tienes lo que se necesita para ser un líder? ¿Qué habilidades aún necesitas desarrollar?

3) Los líderes a menudo tienen que tomar decisiones difíciles, y algunos de ellos, deben confiar en su instinto. Si sabe que su decisión lo hará impopular, lo que significa que corre el riesgo de no ser reelegido para su puesto, ¿lo tomaría?

Día 7

Timidez

¿Qué hace que la gente sea tímida?

Comprender por qué alguien es tímido se trata de descubrir qué desencadena su sensación de incomodidad en presencia de otras personas. Nadie es tímido cuando está solo; esto es algo que sucede debido a otras personas.

Desde un punto de vista científico, se cree que la timidez es una respuesta al miedo o el resultado de experiencias personales difíciles.

Generalmente se cree que tanto los introvertidos como las personas tímidas son más felices cuando están solos. Sin embargo, eso no es del todo cierto. Mientras que los introvertidos disfrutan estar solos, las personas tímidas a menudo están solas simplemente porque se sienten incómodas al estar con otros. Como es la compañía humana la que los hace sentir ansiosos, a menudo se distancian del mundo. Lo que hace que esto sea aún más absurdo es que, más que nada, las personas tímidas anhelan la compañía humana.

Lo que generalmente evita que las personas tímidas desarrollen relaciones normales es que tienden a pasar demasiado tiempo en el autoanálisis, pensando constantemente en cómo se muestran a los demás y cuáles son sus defectos.

Las encuestas muestran que más del 50% de las personas se consideran tímidas. Algunas personas eventualmente aprenden a superarlo o enfrentarlo, pero muchas personas no.

<u>3 desafíos principales que las personas tímidas enfrentan diariamente:</u>

- Baja autoestima
- Miedo al rechazo
- Autoconciencia

Aunque las personas tímidas enfrentan más desafíos que otras, eso no significa que no puedan participar en actividades sociales, como fiestas, eventos deportivos o hablar en público. Es solo que tendrán que invertir el doble de energía, tanto mental como emocional, para actuar cómodamente en tales eventos que alguien que no tiene problemas para interactuar con los demás.

Nadie nace tímido; si alguien se vuelve tímido o no, dependerá tanto de su naturaleza como de la crianza. Las personas a menudo son tímidas solo en ciertas situaciones, frente a ciertas personas o en ciertos períodos de su vida.

Es bastante común que las personas que eran muy tímidas cuando crecían se volvieran seguras y francas, lo que demuestra que las habilidades sociales se pueden aprender y mejorar con el tiempo.

Nuestra educación también contribuye a cómo nos sentimos acerca de nosotros mismos, al igual que la cultura y la religión en la que crecimos. Muchas religiones fomentan sentimientos de culpa y vergüenza, y cuando se combinan con una baja autoestima, estas creencias realmente pueden dañar personas. Y si uno es tímido además de eso, es probable que no se atrevan a hablar sobre estas cosas a otros, solo empeorando la situación.

Ciertos eventos, como el divorcio, la bancarrota, la pérdida de un trabajo o pasar tiempo en prisión pueden hacer que uno también cambie su percepción de sí mismos, lo que contribuye a la timidez y a retraerse .

Cuando la timidez se vuelve paralizante

La timidez es más común cuando las personas se encuentran en contacto con nuevas personas. Hay muchas razones por las que esto pone nerviosas a las personas, pero la mayoría de las veces, son demasiado autocríticas y se comparan constantemente con los demás. La mayoría de las personas tímidas, casi constantemente, sienten que están siendo evaluadas por otros, lo que puede ser lo que las pone nerviosas, especialmente si están en compañía de personas que no conocen.

Las personas tímidas también parecen enfocarse en lo negativo: en qué no son buenas o qué tan inapropiadamente vestidas pueden estar. Es como tener que escuchar constantemente una pequeña voz que te dice lo fuera de lugar que estás.

Para algunas personas, la timidez proviene de una mala educación. Los niños tímidos a menudo provienen de familias donde uno de los padres (generalmente del mismo sexo) era demasiado crítico con el niño. En ese caso, el niño generalmente lucha por desarrollar suficiente autoconfianza y resistencia para enfrentar los desafíos del crecimiento.

Las malas habilidades de crianza pueden convertir a un niño sano en un socialmente incapaz, una persona a la que nadie le enseñó cómo comportarse en situaciones sociales. Cuando alguien es tímido desde la infancia, a menudo es porque nunca tuvo la oportunidad de aprender a participar en actividades sociales.

Otra experiencia de la infancia que puede hacer que las personas se sientan tímidas es por las burlas. Niños que crecieron sintiéndose no amados, no deseados o abiertamente culpables de las desgracias de sus padres (como "si no hubiera sido por ti, ahora sería libre" o "cuando pienso cuánto he invertido en ti..."). Si un niño es menospreciado por miembros de la familia o hermanos mayores, puede crecer con baja autoestima y estar acostumbrado a recibir comentarios negativos. Entonces, en cierto modo, como adultos, casi esperan que otros les disgusten o se burlen de ellos. Como resultado, pueden evitar situaciones sociales y contacto con los demás tanto como puedan.

Ayudar a alguien que es tímido puede ser complicado porque hay muchas razones para la timidez, así como las formas en que las personas lo enfrentan. Sin embargo, lo peor que podría hacer es tratar de ayudar a alguien a deshacerse de su timidez obligándolos a pronunciar un discurso o participar en una actividad social si no lo desean. La timidez se aborda mejor gradualmente en lugar de con un método de "hundirse o nadar", cuando empujas a alguien a una situación para la que no está preparado.

Burlarse de alguien que es tímido, esperando que reaccione dejando de ser tímido solo para demostrar su valía, es una forma cruel y agresiva de ayudar a alguien, y generalmente puede hacer más daño que bien. Las personas tímidas pueden participar en todas las actividades sociales, pero como esto suele ser estresante para ellas, necesitarán tiempo para prepararse mentalmente para la prueba.

4 maneras de enfrentar la timidez:

- **Deja de obsesionarte**

Una de las cosas con las que las personas tímidas luchan es la auto-obsesión. Piensan constantemente en sí mismos, analizan su propio comportamiento, apariencia, palabras, vida, familia, etc., siempre buscando lo que está mal y esperando que otros los critiquen por ello. Acción: cambia el enfoque de ti mismo a los demás.

- **Lanza un contraataque**

En lugar de retirarte de una situación que te hace sentir incómodo, quédate y confronta tu miedo. No será fácil ni cómodo, pero con el tiempo mejorarás. Trabaja en ello, al igual que trabajarías para mejorar tus habilidades de negociación, idiomas extranjeros, habilidades de manejo, habilidades tecnológicas, aprende las habilidades que sientes que necesitas. Trata las interacciones con los demás simplemente como una habilidad que te falta, pero que quieres aprender. Acción: Intenta ponerte en situaciones o con personas que te hagan sentir tímido y practica contraataques.

- **No tengas miedo de defender lo que crees**

A veces, las personas se sienten incómodas cuando se destacan de los demás, como cuando se ven diferentes, hablan con un acento diferente, se visten de manera diferente, practican una religión diferente o comen una dieta especial. Ser como todos los demás suele ser más fácil porque eres "uno más del rebaño" y muchas personas adoptan la mentalidad de rebaño solo para no quedarse solos. Acción: Mira tu diferencia de esta manera: si eres diferente, eres especial, ¡enorgullécete de ello!

- **Disfruta la atención**

Si te sientes incómodo con los demás mirándote, ¿no podría ser que están observando cuán interesante, elegante u original eres? Cuando alguien te está mirando, puede que no te esté juzgando, puede que te esté admirando. Intenta cambiar esa actitud negativa. Acción: Cuando descubres que alguien te está mirando, sonríe y piensa en lo interesante, atractivo o elegante que debes ser para que alguien te haya notado en una multitud.

¿Cómo la inteligencia emocional te ayuda a superar la timidez?

Cuanto más lees sobre las causas de la timidez, más te das cuenta de que la timidez es un término relativo. Hay personas que son tímidas en el sentido de que no están interesadas en relaciones superficiales, y encuentran perder el tiempo y la energía en personas con las que realmente no quieren estar para ser una forma estúpida de pasar una noche. Estas personas están muy en contacto con sus emociones y saben qué es y qué no es importante para ellos, y en qué tipo de personas o actividades no vale la pena perder tiempo y energía.

Luego, hay personas que darían cualquier cosa por dejar de ser tímidos, y se esfuerzan al máximo para encajar con los demás. Trabajan en sí mismos, y generalmente logran superar la timidez.

También hay quienes, por razones de educación inadecuada o traumas pasados, encuentran que estar con otros, particularmente en situaciones nuevas, es demasiado traumático y lo evitarán tanto como puedan.

Todos tienen su propia razón para ser tímidos, y las personas con poca inteligencia emocional generalmente luchan para hacer frente a los complejos roles y normas sociales del mundo corporativo, o incluso en las relaciones personales.

Aunque la mayoría de las personas aprenden a lidiar con la timidez, tarde o temprano, si no se aborda, puede comenzar a afectar su vida cotidiana.

Para superar la timidez, primero tienes que descubrir cuándo y por qué te sientes tímido. Una vez que sepas cuáles son sus desencadenantes, será más fácil lidiar con ellos.

La timidez no tiene por qué ser un problema en sí misma. Si estás contento contigo mismo y tu timidez no interfiere demasiado con tu vida personal y profesional, como si trabajas desde casa o si tu estilo de vida no gira demasiado en torno a estar en nuevas situaciones y conocer gente nueva, puedes ser muy tímido y aún muy feliz.

Las habilidades de inteligencia emocional ayudan a controlar la timidez manteniéndote en contacto con tus propias emociones, ayudándote a comprender y lidiar con situaciones que desencadenan esos sentimientos de ansiedad.

Sin embargo, si eres demasiado tímido debido a una infancia abusiva o un trauma pasado, o si estás en un trabajo que requiere un trato constante con el público, entonces es probable que tengas que hacer algo al respecto. Cómo vencer tu timidez depende principalmente de tu personalidad.

Como dijo la conocida actriz italiana Mariacarla Boscono en una entrevista: "Cubro mi timidez siendo exactamente lo contrario. Ya sabes, muy ruidoso y muy italiano. Soy una persona extremadamente insegura y frágil, y solo las personas que realmente me conocen lo saben. Pero me obligo a mí misma a ser lo opuesto".

Para Reflexionar:

1) Algunos niños tímidos crecen para convertirse en adultos seguros, mientras que algunos niños seguros terminan sintiéndose cada vez más tímidos con la edad. ¿Cómo crees que las experiencias de la vida moldean nuestra percepción de nosotros mismos? ¿Ha aumentado o disminuido tu timidez con la edad? ¿Qué crees que ha contribuido a eso?

2) ¿Estás de acuerdo en que el Internet y la gran cantidad de tiempo que las personas pasan solas, sin contacto cara a cara, podrían estar alimentando la timidez?

3) El famoso actor Al Pacino fue muy tímido cuando era joven. Cuando se convirtió en actor y se convirtió en el centro de atención, aprendió a sobrellevar su timidez. ¿En qué situaciones te sientes más incómodo y cómo lidias con tu timidez?

Día 8

Autoestima

Cree en ti mismo, sin estar lleno de ti mismo

Creer en ti mismo es mejor si se nutre desde una edad temprana. Sin embargo, aquellos que crecieron en un entorno poco favorable aún pueden aprender a desarrollar la autoconfianza más adelante en la vida.

A menudo leemos que algo que todas las personas exitosas tienen en común es creer en sí mismas. Creer en ti mismo tiene que ver con saber lo que quieres, tener una idea de cómo conseguirlo y ser resiliente a la presión y la negatividad de tu entorno.

A muchas personas les lavan el cerebro sus familias para creer que no son lo suficientemente buenas, bonitas o lo suficientemente inteligentes como para tener éxito en la vida, y deberían estar agradecidas con lo que sea que les depare la vida, por pequeño que sea. Aquellos que compran esto generalmente permanecen atrapados donde sea que se les hizo creer que pertenecen y nunca encuentran realmente la energía para intentar hacer algo por sí mismos.

Afortunadamente, incluso si su autoestima es baja, puede mejorarla o desarrollarla fácilmente una vez de que construya una autoimagen positiva y decida que está listo para un cambio.

6 pasos para crear una mejor autoimagen:

- **Reconoce tu lucha**

Si sabes que te falta autoestima, ¿sabes por qué? Reconocer que tienes baja autoestima te permite comenzar a hacer preguntas para estar más seguro.

- **Administra tu voz interior**

Lo que sea que tu voz interior te diga generalmente se compone de comentarios negativos de tus padres, tu pareja, amigos, colegas o cualquier otra persona que haya tratado de detenerte. Podría haber muchas razones por las que intentan sabotearlo, así que piensa en una forma de deshacerte del diálogo interno negativo y comienza a escuchar tu propia voz para generar un cambio.

- **Leer material motivacional**

Esto es importante principalmente porque es una manera fácil de aprender cómo otras personas con un problema similar mejoraron su propia imagen.

- **Practica la visualización**

Imagínate como te gustaría ser (seguro, bonito, popular, valiente, solicitado profesionalmente, franco). Luego, pregúntate qué te impide ser así.

- **Limita la negatividad**

Probablemente sepa de dónde proviene la influencia negativa. Limite su exposición a esas situaciones, personas, programas de televisión o periódicos.

- **Deja de compararte con otros**

Las personas con baja autoestima no se hacen ningún favor si se comparan constantemente con las personas que tienen más éxito. Esto solo ayuda si te anima a hacer algo con tu vida, no si te hace aún más miserable.

Desarrollar el respeto propio

La autoestima es sentirse bien con uno mismo. Aquellos que carecen de autoestima son generalmente inseguros y a menudo experimentan sentimientos de arrepentimiento, vergüenza o culpa.

El respeto propio se puede ganar o perder, y también se puede mejorar. Mejorar tu autoestima no es difícil, pero debido a que proviene de tus creencias internas sobre ti mismo, lleva tiempo.

7 cosas a tener en cuenta si quieres mejorar tu autoestima:

1) **Sepa a dónde quiere llegar.**

Trate de identificar los rasgos que le gustaría desarrollar: ¿cómo se ve alguien con gran autoestima? ¿Puedes verte siendo así algún día?

2) **Acepta que eres responsable de tu opinión sobre ti mismo.**

Si no te gustas, pregúntate por qué. ¿Cómo esperas que les gustes a los demás? ¿Qué se necesitaría para cambiar tu opinión sobre ti mismo y aceptar quién eres en este momento actual?

3) Manténgase alejado de aquellos que promueven sentimientos de culpa, vergüenza o miedo.

Todos conocemos personas, situaciones o temas que nos hacen sentir "pequeños" o incómodos. Evítelos como la peste, o al menos trate de minimizar el tiempo que pasa en esa situación o con esas personas.

4) Practica lo que predicas.

La vida es dura, así que prepárate para defender tus puntos de vista. Aumentará su autoestima al comportarse de acuerdo a lo que cree y al tener fe en sus valores. Las personas respetan a quienes practican lo que predican.

5) **Aprende a lidiar con las críticas.**

Esto viene con la práctica, y no siempre es fácil, incluso si otros dicen que lo hacen por su propio bien. Incluso si lo que otros dicen sobre ti no es cierto, al elegir no tomarlo demasiado personal, estás practicando habilidades de inteligencia emocional: "manejar tus emociones y reacciones".

6) Elija su compañía con cuidado.

Intenta rodearte de personas que te hagan sentir apreciado y amado, y en cuya compañía puedes ser tú mismo.

7) Defiéndete.

Si vives en un entorno en el que a menudo parece que eres "tú contra todos los demás", esto puede ser difícil. Sin embargo, se verá mejor a sus propios ojos cuando defienda sus creencias u opciones en la vida. La autoestima se trata de cómo te ves a ti mismo: al no tener miedo de defender lo que crees, aumentarás, no solo tu autoestima, sino que obligarás a otros a tomarte más en serio también.

¿Cómo la inteligencia emocional refuerza una mentalidad positiva?

Antes de intentar influir en su comportamiento, o en el de otra persona, debe comprender cómo funciona su mente y cómo acceder a ella. Para poder controlar sus emociones y reacciones, o reemplazar sus pensamientos negativos con positivos, necesita sintonizar su subconsciente.

Todo comienza con reconocer que el diálogo interno negativo influye en muchas decisiones que tomas todos los días. Ciertas situaciones pueden actuar como desencadenantes de este tipo de actitud, pero se sabe que la baja autoestima alimenta tales pensamientos negativos.

A menudo pasamos toda nuestra vida socavando con un diálogo interno negativo, sin darnos cuenta de que lo que repetidamente pensamos o nos decimos continuamente a menudo se convierte en una profecía autocumplida. Podemos darnos cuenta de lo que nos hemos hecho en retrospectiva cuando, después de años de auto-abuso y auto-sabotaje, recordamos nuestras vidas solo para darnos cuenta de que éramos nuestro peor enemigo.

Sin embargo, es poco probable que esto le suceda a las personas emocionalmente inteligentes, principalmente porque están sintonizadas con sus emociones y pueden captar fácilmente las vibras negativas del entorno o de su propio subconsciente. Esto significa que cuanto mayor sea su inteligencia emocional, mejor control tendrá sobre su mente.

Si perseveras en el desarrollo de tus habilidades de inteligencia emocional, eventualmente aprenderás a identificar las emociones inducidas por el estrés y captarás tu propio diálogo negativo antes de que tengas la oportunidad de afectar tu estado de ánimo o comportamiento.

Sin embargo, incluso si eres un maestro de tu propio subconsciente, no siempre podrás influir en lo que otros dicen o cómo se comportan. Afortunadamente, incluso cuando está expuesto a la negatividad durante largos períodos de tiempo, sus habilidades de inteligencia emocional pueden ayudarlo a reducir el efecto de dicha negatividad en su propia vida.

La forma más fácil de superar la negatividad es con una actitud positiva. Si tú eres alguien que generalmente eres positivo acerca de la vida, esto no será un problema; de todos modos, probablemente intentes ver algo bueno en cada situación. Sin embargo, si no es así como normalmente ves el mundo, tendrás que trabajar para desarrollar una visión del mundo más alegre y confiada.

Lo mejor de la alta inteligencia emocional es que potencia la actitud positiva, lo que debilita el impacto del pensamiento negativo.

Mientras tienes pensamientos positivos, tu cerebro no tiene estrés. Cuanto más a menudo tengas pensamientos positivos, más a menudo se le dará a tu cerebro la oportunidad de relajarse. No es difícil estar libre de estrés y tener pensamientos relajantes cuando eres feliz: es cuando las cosas no van bien y tu mente está inundada de pensamientos sombríos y negativos que centrarse en lo positivo se convierte en un desafío. Sin embargo, con la práctica, puedes aprender a desconectarte y simplemente pasar unos minutos poniéndote en contacto con tu positividad. Si no puedes concentrarte en algo bueno, trata de pensar en alguien o en algo que te haga reír. O piensa en algo agradable que te haya pasado recientemente. O mire a los niños o perros que juegan en el parque, salga y alimente a las aves, disfrute de los colores y aromas de su jardín. Puedes cambiar tu enfoque de los pensamientos negativos si tienes algo más feliz por los que cambiarlos.

Tu mentalidad es lo que te guía a través de la vida, determinando cómo reaccionarás en ciertas situaciones. Las personas con una mentalidad positiva ven los desafíos en lugar de los problemas. Están abiertos a sugerencias, aceptan críticas y no se rinden fácilmente. Con una mentalidad negativa, las personas tienden a lidiar con los problemas simplemente aceptándolos como destino, son reacios a cambiar y, a menudo, se convierten en víctimas de un diálogo interno negativo.

Para Reflexionar:

1) ¿Crees en ti mismo? Si es así, demuéstralo respondiendo estas preguntas: ¿Cuánto te gustas a ti

mismo? ¿Sueles decir o hacer cosas que no quieres, que hacen que la gente te quiera? Cuando piensas en tu futuro, ¿te sientes esperanzado o ansioso?

2) ¿En qué situaciones no tendrías el descaro de defenderte, pero fingirías estar de acuerdo con la opinión general? ¿Crees que siempre es seguro decir lo que realmente piensas?

3) "Una actitud positiva provoca una reacción en cadena de pensamientos, eventos y resultados positivos. Es un catalizador y genera resultados extraordinarios. "–Wade Boggs

Si está de acuerdo con este punto de vista, piense en dos personas que conoce (o ha oído hablar) que lograron recuperarse de un revés importante en la vida. ¿Qué harías si te pasara lo que les pasó?

Día 9
Ansiedad Social

Cuando ser tímido se convierte en un trastorno mental

La mayoría de las personas tímidas eventualmente aprenden a sobrellevar la timidez y a rodearse de personas desconocidas. Los que sufren de ansiedad social, por otro lado, encuentran imposible relajarse en esos entornos, sin importar cuánto lo intenten.

Las personas con trastorno de ansiedad social temen ser juzgadas y generalmente están plagadas de sentimientos de inferioridad e insuficiencia.

Para comprender cómo la ansiedad social afecta a las personas, considérelo lo opuesto al narcisismo. Mientras que los narcisistas tienen un *inflado* concepto de sí mismo e intentan llamar la atención sobre sí mismos todo el tiempo, quienes padecen ansiedad social experimentan un concepto de sí mismo *desinflado* e intentan evitar la atención. Sin embargo, al mismo tiempo, creen que todos los miran, hablan de ellos y comentan de su apariencia. A veces, incluso pueden comenzar a sudar, respirar fuertemente y sentirse mareados o con náuseas.

La ansiedad social, siendo el tercer problema de salud mental más grande en muchos países, parece ser mucho más común de lo que, hasta hace poco, se creía. Esto significa que hay millones de personas con ansiedad social entre nosotros, que continúan con sus vidas sin que nos demos cuenta del trauma que pueden estar pasando todos los días. Lo que significa que, con una educación adecuada y cuidado personal, el trastorno es controlable.

La intensidad del trastorno varía a lo largo de la vida y durante el día, al igual que los síntomas. Sin embargo, la mayoría de las personas con este trastorno mental experimentan al menos un tipo leve de angustia emocional en ciertas situaciones.

Situaciones que desencadenan ansiedad social:

- Ser presentado a otras personas.
- Recibir burlas o criticado en público.
- Ser el centro de atención.
- Ser observado mientras hace algo.
- Encuentro con personas extrañas.

Lo que las personas experimenten durante un "ataque" de ansiedad social dependerá del individuo y de las circunstancias, pero pueden incluir miedo, sonrojo, sudoración, sequedad de garganta o corazón acelerado.

La autoeducación ayuda, pero independientemente de cuánto te digas a ti mismo que el miedo o la incomodidad que estás experimentando es irracional, no podrás detenerlo.

¿Qué tan fácil es superar la ansiedad social?

Si llegas a un punto en que la ansiedad social comienza a afectar tu desempeño y tus relaciones, es posible que no tengas otra opción que buscar asesoramiento. Sin embargo, independientemente de cuán bueno sea tu terapeuta, depende de ti, y de cuánto estés preparado para trabajar en ti mismo, determinar qué tan exitosamente, si es que lo logras, podrás deshacerse de tu incomodidad.

Quizás lo peor de este trastorno mental es que si no se aborda, puede provocar otros problemas, como:

- **Abuso de sustancias**

Algunas personas recurren al alcohol o las drogas para calmarse y superar un evento que implica hablar en público o conocer gente nueva.

- **Problemas de pareja**

Si bien todos enfrentan problemas de relación de vez en cuando, las personas que carecen de ansiedad generalmente carecen de las habilidades y la confianza para enfrentar tales desafíos. Como resultado, a veces soportan el abuso mental o físico durante mucho tiempo antes de reunir el coraje para hacer algo al respecto.

- **Problemas de carrera**

A menos que aprendan a manejar su trastorno, quienes padecen ansiedad social están en desventaja cuando se trata de avanzar en su carrera, simplemente porque en la mayoría de las profesiones uno necesita tener buenas habilidades de comunicación. Intentando evitar un riesgo innecesario en público, generalmente permanecen callados en las reuniones y rara vez ofrecen nuevas ideas o acciones. Como tal, son vistos como alguien que no tiene nada que aportar a la organización, y que no pueden ser considerados para un ascenso.

- **Depresión**

Si sus problemas de salud mental y su baja autoestima los están haciendo infelices, solitarios y generalmente sin éxito en la vida, las personas con ansiedad social a menudo también terminan luchando con la depresión, especialmente si son conscientes de las oportunidades que han perdido por su torpeza social.

- **Soledad**

Los enfermos de ansiedad social no siempre son tomados en serio y pueden burlarse o aprovecharse de ellos, lo que solo contribuye a querer alejarse del mundo. Para ellos, las cosas pueden parecer duras e injustas.

La única forma de ayudar a alguien con este trastorno es a través de terapias. Sin embargo, cuán exitosamente alguien enfrenta la ansiedad social también tiene mucho que ver con su estilo de vida. Dependiendo de lo que hagan para ganarse la vida, puede ser posible evitar, o al menos reducir, la exposición a situaciones que desencadenan ataques de ansiedad social.

Inteligencia emocional y ansiedad social

Según el Instituto de Salud y Potencial Humano, la inteligencia emocional es "la capacidad de reconocer, comprender y gestionar nuestras propias emociones, y reconocer, comprender e *influir* en las emociones de los demás".

Si observas las situaciones que desencadenan el trastorno de ansiedad social y las competencias y el comportamiento de las personas con una gran inteligencia emocional, es fácil ver la relación entre dos.

Dependiendo de la intensidad, uno puede aprender a superar la ansiedad social mediante la *comprensión* de lo que la desencadena, o con la ayuda de un buen terapeuta. La inteligencia emocional se trata de *comprender* y controlar las propias emociones, por lo que, al aplicar los principios de inteligencia emocional de estar sintonizado con tus sentimientos, puedes aprender a comprender tus emociones, descubrir los factores desencadenantes detrás de ellas y usar tu mente para controlar tu reacción ante esos desencadenantes.

4 formas en que la inteligencia emocional te ayuda a lidiar con la ansiedad social:

- **Comprender los desencadenantes.**

Analiza tus posibles requisitos laborables y haz una lista de cuánto tiempo deberás dedicar a reuniones, entrevistas, redes de trabajo, eventos formales, presentaciones y reuniones con dignatarios. Piensa cuánto podrías enfrentar en este tipo de exposición y cómo lo harías. Solo entonces debes decidir si aceptas ese trabajo en particular.

- **Mejora tus técnicas de afrontamiento.**

Si has estado en tu trabajo durante un buen tiempo, significa que has descubierto cómo enfrentarte a situaciones que desencadenan la ansiedad social. Si este es un nuevo trabajo que estás a punto de comenzar, debes encontrar formas de disminuir tu ansiedad mientras actúas de una manera más o menos normal. Por ejemplo, haz una lista de actividades que podrías delegar a otros, aquellas que podrías evitar por teléfono o por escrito, y aquellas con las que de todas maneras tienes que tratar personalmente.

- **Desarrolle su inteligencia emocional.**

Las personas con alta inteligencia emocional generalmente están muy sintonizadas con sus sentimientos, lo que les ayuda a lidiar o prever, y evitar, si es necesario, ciertas situaciones potencialmente desafiantes que pueden requerir muchas negociaciones, opiniones, etc.

- **Cambia el enfoque**

Lo primero que debe hacer una persona con un trastorno de ansiedad social para desarrollar o mejorar sus habilidades de inteligencia emocional es dejar de pensar en sí mismo y comenzar a pensar en las necesidades y problemas de los demás. Al cambiar el enfoque de sus miedos a los de otra persona, reducirá la presión mental con la que vive constantemente.

El problema es que las personas con trastorno de ansiedad social generalmente tienen niveles más bajos de inteligencia emocional. Lo que no significa que no puedan aprender las habilidades necesarias de las personas, pero sí tendrán que invertir más esfuerzo para ser emocionalmente inteligentes a comparación con quien las habilidades interpersonales son algo natural.

Para manejar su trastorno con inteligencia emocional, primero tendrá que desarrollarlo. Puedes mejorar tu inteligencia emocional si usas tu energía para analizar los sentimientos de otras personas en lugar de concentrarte en ti mismo y temer los rechazos y fracasos, generalmente imaginarios.

Para Reflexionar:

1) ¿Conoces a alguien con algún trastorno de ansiedad social? Si lo haces, ¿se siente cómodo con ellos? Si no lo hace, ¿cómo cree que podría trabajar con ellos?
2) Cuando estás molesto, ¿siempre sabes cuál es el desencadenante? Si lo sabe, ¿eso le facilita a lidiar con el problema?
3) Si tuviera que hacerlo, ¿cómo describiría su ego como inflado o desinflado? ¿A cuál de estas dos categorías crees que perteneces?

Día 10

Lidiando con la Presión

La presión en el mundo moderno

La mayoría de nosotros tenemos que trabajar para vivir, y generalmente nos definimos a nosotros mismos y nuestro estado en la vida por nuestros trabajos y los estilos de vida que tenemos.

Varios estudios muestran que a pesar de una vida acelerada, la sobrecarga de información y el cambio constante en muchas dificultades para mantenerse al día, la mayor parte de nuestro estrés en el mundo moderno está relacionado con el trabajo.

Si pierdes tu trabajo, automáticamente enfrentas preocupación por el futuro. Cuando te quitan tu fuente regular de ingresos,te ves obligado a hacer cambios en tu estilo de vida, perder contacto con muchas personas y lidiar con la ira, la humillación o la pobreza. Es una situación muy estresante, especialmente si tienes una familia.

Incluso cuando tienes un trabajo, es probable que a menudo te preocupes por las consecuencias del colapso económico y los posibles despidos, y para asegurarte de mantener tu trabajo, aceptas trabajar más, trabajas más horas, llevas a casa el trabajo o trabajas los fines de semana. Una vez más, una situación muy estresante, especialmente si persistes.

Por lo tanto, ya sea que estés en un trabajo mal pagado, sin salida o muy estresante, puedes estar ansioso ya sea por demasiado trabajo, salarios bajos o porque no te sientes apreciado. Todas estas situaciones son desmoralizantes, especialmente si obligan a las personas a permanecer en un trabajo que odian o que no permite ninguna creatividad.

Al tratar de hacer malabarismos con la carrera y la familia, las personas, especialmente las mujeres, a menudo asumen más de lo que pueden manejar. El mercado se ha vuelto cada vez más competitivo, y esto fomenta una competencia más agresiva dentro del lugar de trabajo.

Las emociones negativas, como el estrés, el agotamiento, el miedo, la ira, la tristeza y la envidia, producen reacciones en el cuerpo durante las cuales se liberan ciertos químicos. Estos productos químicos están directamente relacionados con la presión arterial alta, trastornos cardiovasculares, enfermedades autoinmunes, depresión y otras afecciones de salud.

Todos sabemos sobre el impacto negativo que tienen el estilo de vida poco saludable, el estrés crónico y la infelicidad, los cuales controlan nuestro bienestar físico y mental. Aún así, parece que no podemos reducir la velocidad, ya que el ritmo de vida obviamente no cambiará pronto.

El mundo cambiante, complejo y de alta tecnología en el que vivimos exige que desarrollemos nuevas habilidades que nos abran oportunidad laboral, ser más tolerantes y mejores para manejar el estrés. La inteligencia emocional es una de estas habilidades.

¿Cómo la presión afecta su comportamiento?

La vida en el mundo moderno es rápida, agitada y estresante, y la mayoría de las personas se las arreglan lo mejor que pueden.

En la mayor parte del mundo desarrollado, las personas viven más tiempo que nunca, tienen una cantidad de oportunidades fenomenales, una riqueza sin igual y disfrutan de libertad política y religiosa. Desafortunadamente, la riqueza material acumulada en el mundo desarrollado no coincide con el nivel de felicidad personal de su gente. Si bien la mentalidad consumista, en la que se basa la sociedad moderna, continúa empujando a las personas a ganar más, comprar más y tener más, esto está afectando su bienestar mental, emocional y particularmente espiritual.

Existe la presión adicional de ser "eternamente jóvenes": se espera que las personas, especialmente las mujeres, tengan la mitad de su edad, que sean delgadas y arregladas, que tengan una carrera y que siempre sean felices, seguras y políticamente correctas. Hay muchas cosas de las que preocuparse constantemente.

Combinado con la sobrecarga de información, la inseguridad laboral, la alimentación saludable, las nuevas enfermedades autoinmunes, la amenaza del terrorismo, la inmigración ilegal, el cambio climático y el esfuerzo diario de hacer malabarismos con la familia, la carrera y la vida social, no es de extrañar que la ansiedad y la depresión se estén convirtiendo en una epidemia.

Las personas reaccionan al estrés con la respuesta de luchar, huir o bloquearse, y aunque esta es una técnica de supervivencia probada en el tiempo, solo es efectiva si el estrés no dura demasiado o no ocurre con demasiada frecuencia. Que es exactamente lo contrario de lo que se han convertido nuestras vidas.

Para hacer frente al ritmo implacable de la vida moderna, nos encontramos inmersos en estilos de vida y hábitos que alivian temporalmente la tensión con la que tenemos que vivir, pero que, a largo plazo, puede crear serios problemas de salud.

5 formas en que el estrés afecta nuestro comportamiento:

1. Comer en exceso o comer emocionalmente
2. Estallidos de ira
3. Abuso de sustancias
4. Aislamiento social
5. Agotamiento crónico

Para enfrentar a todas estas oportunidades y desafíos, necesitamos aprender a lidiar con la presión, ¿cómo abrazar la complejidad de la vida moderna?, ¿cómo difundir los conflictos?, ¿cómo reducir la velocidad y cómo priorizar?

Nuestro mundo ha cambiado hasta hacerse irreconocible en los últimos 50 años. Para aprovechar al máximo lo que tiene para ofrecer, debemos estar preparados para cambiar juntamente con él y, cuando sea necesario, adoptar nuevas habilidades y estilos de vida que no solo nos ayuden a lidiar mejor con el estrés, sino que también hagan que nuestras vidas sean más armoniosas y satisfactorias.

¿Por qué las personas emocionalmente inteligentes se las arreglan mejor bajo presión?

Los problemas relacionados con el trabajo son la principal causa de estrés en el mundo moderno, y ser capaz de manejar este estrés significa que tendrá un mejor desempeño en el trabajo.

La razón por la que las personas emocionalmente inteligentes se las arreglan mejor bajo presión es porque están más en sintonía con sus sentimientos y con lo que sucede a su alrededor. ¿Cómo se nota?

6 rasgos de las personas emocionalmente inteligentes que los ayudan a sobrellevar la presión:

- **Autoconciencia**

Las personas emocionalmente inteligentes están en sintonía con sus sentimientos, qué los causa y por qué, y son capaces de reconocer o anticipar los factores estresantes antes de que ocurran. Como están mejor preparados, tienen la oportunidad de encontrar formas de lidiar con ellos.

- **Ser conscientes de los demás**

Las personas emocionalmente inteligentes no solo son conscientes de sus propios sentimientos, sino que también pueden percibir las emociones de los demás. Eso significa que entienden qué causa el estrés a otras personas y reconocen una situación potencialmente estresante que surge, de modo que pueden evitar quedar atrapados en algo en lo que realmente no están involucrados. En otras palabras, saben cuándo ofrecer ayuda y cuándo quedarse fuera.

- **Actuar a Tiempo**

Cuando se encuentran en una situación desafiante o son atacados verbalmente, las personas emocionalmente inteligentes, que tienen el control de sus sentimientos, intentan comprender qué causó tal comportamiento. Si es posible, incluso intentarán disipar la situación antes de que se salga de control.

- **Ser bueno escuchando a los demás**

Los conflictos son raros si todos tienen la oportunidad de ser escuchados. Pero, como la mayoría de las personas prefieren hablar que escuchar, eso no siempre es fácil. Las personas con alta inteligencia emocional a menudo logran evitar situaciones estresantes porque encuentran tiempo para escuchar a las personas que tienen algo que decir. De esa manera, entienden lo que podría convertirse en un problema y pueden tomar medidas para evitarlo antes de que ocurra.

- **Habilidad de ver el panorama completo**

Al poder ver las cosas desde el punto de vista de otra persona, las personas emocionalmente inteligentes están preparadas para tratar de entender por qué las personas hacen las cosas, incluso si no están de acuerdo con lo que han hecho. Caminar en los zapatos de otra persona, al menos temporalmente, a veces es todo lo que se necesita para comprenderlos mejor.

Como señaló Jurgen Klopp, "el desafío es mantenerse lo suficientemente tranquilo como para afrontar la presión en este momento para que pueda tener éxito en el futuro".

Para Reflexionar:

1) ¿Alguna vez te han despedido? ¿Cómo te sentiste? ¿Afectó tus relaciones con los demás?
2) ¿Cómo lidias con el estrés en casa? ¿Qué pasa en el lugar de trabajo?
3) Cuando ve una tormenta en la oficina, ¿trata de ayudar o se queda afuera? ¿Por qué?

Día 11

¿Por qué necesitas "habilidades sociales"?

Habilidades sociales que necesita para triunfar en la vida

Las habilidades sociales son esenciales para el trabajo, la vida y el éxito social, y giran principalmente en torno a la comunicación, la tolerancia y la confianza.

Independientemente de su profesión o estilo de vida, es probable que esté en constante interacción con los demás, y cuanto más fuerte sean tus habilidades con las personas, más exitosas serán estas interacciones. Sin embargo, todos somos diferentes y nuestra capacidad de interactuar varía. Mientras que para algunos, esto es fácil y lo disfrutan, otros pueden encontrarlo desafiante y estresante. La forma en que se desarrolla una relación depende de ambas partes, así como de las circunstancias en las que se encuentren. Pero, independientemente de nuestras preferencias y personalidades individuales, todos necesitamos saber cómo comunicarnos con los demás y mantener buenas relaciones con ellos.

4 habilidades interpersonales necesarias para el éxito en la vida:

- **Buena capacidad de comunicación**

Las buenas técnicas de comunicación consisten en poder asimilar información, hablar clara y cuidadosamente, y responder de manera oportuna y coherente. Tanto la comunicación verbal como la no verbal son igualmente importantes, aunque esta última generalmente está subestimada.

- **Buenas habilidades para escuchar**

No mucha gente disfruta escuchando a los demás; preferirían hablar de sí mismos. Pero escuchar con eficacia y empatía es a menudo la única forma de comprender completamente lo que realmente está sucediendo y escuchar incluso partes no dichas de la conversación. Como dijo el conocido escritor ruso Alexander Solzhenitsyn en uno de sus libros: "Cuanto menos hable, más oirá".

- **Empatía**

Muchas personas son empáticas naturales, aunque esto es algo en lo que puedes aprender a convertirte. Los gerentes empáticos entienden fácilmente las necesidades de su personal, clientes o socios. Ser capaz de comprender las motivaciones, quejas, miedos o aspiraciones de los demás hace que sea más fácil lidiar con, o prevenir, conflictos o convencer a otros de los cambios necesarios.

- **Resolver Conflictos**

Los conflictos son comunes en el lugar de trabajo. Ser capaz y estar dispuesto a escuchar, ver el problema desde el ángulo de las personas involucradas en él y tratar de comprender lo que realmente contribuyó al incidente es lo que permite que algunas personas resuelvan con éxito, o al menos disipen, una situación tensa antes de que se salga de la mano.

Claramente, necesitas habilidades sociales para mejorar tus interacciones con los demás. Algunas personas tienen una manera de tratar con todo tipo de personas o situaciones con facilidad, y obviamente han perfeccionado sus habilidades personales.

Habilidades de grandes personas para la felicidad profesional

Estas llamadas "habilidades sociales" no son más que habilidades interpersonales que le permiten coexistir pacíficamente con los demás. Las buenas habilidades con las personas son un signo de alta inteligencia emocional, lo cual es particularmente importante para una carrera que involucra mucha interacción social.

En muchas profesiones, es absolutamente necesario que estés dispuesto a escuchar atentamente, comunicarte con claridad y comprometerte regularmente con los demás de una manera que demuestre tu interés en lo que están haciendo o por lo que están pasando.

Por lo tanto, si crees que tienes buenas habilidades con las personas o si estás dispuesto a desarrollarlas, puede ser una buena idea elegir una carrera que haga visibles esas cualidades, lo que te facilitará convertirte en un líder en tu organización o campo laboral.

La felicidad profesional tiene mucho que ver con hacer lo que te gusta hacer para ganarte la vida, por lo que encontrar una carrera que te ayude a mostrar tus fortalezas y ocultar tus debilidades es un gran avance para garantizar al máximo tus habilidades y tu vida.

Si bien las buenas habilidades con las personas son importantes para una carrera exitosa en cualquier campo y para la cooperación exitosa con las personas en general, en algunas profesiones, hace la diferencia entre una elección de carrera buena o mala.

Carreras que requieren habilidades de gran personalidad:

- **Administración**

Los gerentes regularmente tienen que tratar con otros, en muchos niveles diferentes. A menudo participan en la negociación, reestructuración, coordinación y resolución de conflictos. Los diferentes tipos de gerentes pueden necesitar un nivel diferente de habilidades personales (como la forma en que un gerente financiero necesita mucho menos que un gerente de recursos humanos), pero en términos generales, cuanto mayor es el nivel de responsabilidad, más se necesitan grandes habilidades interpersonales .

- **Profesión Legal**

Los abogados y otras personas en este campo escuchan mucho, negocian, persuaden y resuelven conflictos como parte de su trabajo, por lo que necesitan excelentes habilidades de comunicación y escucha, así como una buena dosis de empatía.

- **Ayudar a los demás**

Alguien que trabaja como enfermera, trabajador social, maestro, médico, terapeuta o consejero escolar, pasa la mayor parte de su tiempo estrechamente, a veces íntimamente, involucrado con otros para hacer su trabajo con éxito y profesionalmente. Solo las personas con excelentes habilidades personales y alta inteligencia emocional deben elegir estas profesiones para una carrera.

Pero, ¿qué pasa si te falta o te cuesta desarrollar las habilidades sociales? Aunque se pueden aprender muchas cosas en el trabajo, obviamente elegiría una carrera que tenga muy pocas "fortalezas". Esto no significa que no pueda hacerlo, pero es muy poco probable que lo recomienden para un ascenso o se convierta en un gran nombre en la industria. La falta de estas habilidades puede matar fácilmente una carrera.

8 rasgos que demuestran que NO eres apto para una profesión que requiere habilidades fuertes de personalidad:

- No puedes controlar tus emociones y tienes mal genio.

- Te falta confianza en ti mismo y dejas que otros lo vean.

- En el fondo, realmente no crees en ti mismo, y se nota.

- Tienes pocas habilidades de comunicación y prefieres hablar que escuchar.

- Te desanimas fácilmente, y si tu primer intento de algo falla, eliges dejarlo en lugar de seguir intentándolo.

- No te llevas bien con los demás.

- No eres una persona realmente servicial.

- Careces de habilidades de negociación y trabajo en red.

Quizás la inteligencia emocional se resume mejor por Russell H Ewing: "Un jefe genera miedo, un líder genera confianza". Un jefe halla culpables, un líder corrige los errores. Un jefe lo sabe todo, un líder hace preguntas. Un jefe hace el trabajo monótono, un líder lo hace interesante. Un jefe está interesado en sí mismo, un líder está interesado en el grupo".

Para Reflexionar:

1) Enumere todas las habilidades sociales necesarias para el trabajo en el que se encuentra actualmente. ¿En cuáles es bueno y cuáles aún tiene que desarrollar?

2) ¿Las habilidades sociales son tu fortaleza o tu debilidad? ¿Tu trabajo actual coincide con tu nivel de habilidad?

3) ¿Estaría preparado para escuchar a alguien quejándose de usted y sus habilidades de gestión? ¿Cómo puedes aprender y mejorar de él?

PARTE 2

¿Cómo mejorar tu inteligencia emocional?

Día 12

Aprende a lidiar con tus sentimientos

Reconocimiento y manejo de emociones

No todos prestan atención a sus sentimientos, y esto a menudo tiene mucho que ver con la infancia. Crecer en un ambiente amoroso que es física y emocionalmente seguro es muy diferente de ser criado en una familia donde los niños son testigos de violencia, privación o abuso de sustancias por parte de uno o ambos padres. Todos estos recuerdos y/o traumas afectan el estado mental de uno, y los niños generalmente aprenden desde el principio que a veces es más seguro no mostrar cómo te sientes o esperar amabilidad.

Sin embargo, incluso las personas con recuerdos felices de la infancia pueden tener dificultades para identificar o expresar sus emociones.

Una de las principales características de las personas emocionalmente inteligentes es que están en contacto con sus sentimientos. Esto significa que no los ignoran, son capaces de descubrir qué los desencadena y aprenden cómo tratarlos mejor.

¿Cómo logran esto?

Como los sentimientos son generalmente el resultado de sus pensamientos, actitudes o experiencias, si puede controlarlos, puede hacerse cargo de sus emociones y sus reacciones ante las situaciones que los desencadenan. Por ejemplo, si piensa en el examen que tiene que escribir en un par de días, puede sentirse ansioso. Si notas que tu novio bebe mucho, puedes sentirte nervioso o enojado si eso te trae recuerdos de haber crecido con un padre alcohólico. Si asiste a un funeral, puede sentirse triste si eso le trae recuerdos de los seres queridos que perdió recientemente.

Los sentimientos van desde los simples, como la alegría, el miedo o el dolor, hasta los más complejos, que son una combinación de sentimientos simples y sus pensamientos o imágenes. Por ejemplo, puede sentirse triste si un amigo le dice que su perro murió en un accidente automovilístico, pero secretamente feliz de que no fuera su perro. O puede querer a alguien, pero al mismo tiempo estar preocupado por su presión alta.

Las personas emocionalmente inteligentes raras veces se sienten perdidas, mentalmente agotadas o confundidas, porque aceptan y procesan sus sentimientos a medida que ocurren, en lugar de embotellarlos. Además, no es raro que las personas se preocupen más por los demás que por ellos mismos. Por ejemplo, puedes estar triste o enojado cuando tu amigo experimenta un evento trágico, pero simultáneamente ignoras tus propios miedos, ya sea porque sientes que desaparecerá (nunca lo hace) o porque no tienes tiempo para hacer algo por ello (aunque siempre encuentras tiempo para los demás), o porque inconscientemente crees que no vales la atención (porque hay personas con problemas mucho más serios que necesitan ayuda).

Todos sabemos que los sentimientos son contagiosos, y es por eso que, consciente o inconscientemente, evitamos la compañía de personas tristes, deprimidas o con problemas y, en cambio, buscamos la compañía de personas felices, exitosas y positivas. Piensa en lo agotado que te sientes cuando tienes que pasar tiempo con un amigo o un pariente que se queja o se lamenta todo el tiempo; te hace sentir mentalmente agotado, pero secretamente feliz de no tener que vivir con alguien así.

Reprimir los sentimientos no es saludable, especialmente si esto continúa por mucho tiempo. Aferrarse a la tristeza o la decepción puede hacerte sentir deprimido o amargado. Sin embargo, muchas personas son educadas para no mostrar sus sentimientos, y algunas pasan toda su vida sin dejar de lado el dolor, la ira o el resentimiento.

Cuando no manejas tus sentimientos, puedes desarrollar muchos síntomas psicosomáticos, como dolor de cabeza, úlcera o presión arterial alta. Las emociones reprimidas pueden causar tensión muscular en el cuello, la espalda o la mandíbula.

De acuerdo con la filosofía de la mente/cuerpo, cuando sufres de contracturas musculares, generalmente tienes sentimientos reprimidos en esa parte de tu cuerpo. Por ejemplo, el miedo tiende a afectar los músculos del estómago, los problemas pueden manifestarse en el hombro y el dolor de la parte superior de la espalda, la desesperanza en los músculos tensos del cuello, etc. Si esto te está sucediendo y no deseas buscar ayuda profesional, puedes probar técnicas de relajación muscular o aprender a manejar tus sentimientos antes de que se asienten en tu cuerpo.

¿Cómo expresar tus sentimientos?:

- **Habla de ellos**

Es mejor encontrar una persona empática dispuesta a escuchar, pero si no tienes con quién hablar o si el problema es muy delicado, puedes considerar ver a un terapeuta.

- **Escríbelos**

Si la comunicación verbal no es lo tuyo, escribe sobre tus sentimientos. Si lo desea, puede llevar un diario o anotar emociones específicas cada vez que quiera sacar algo de tu pecho. Si las cosas que escribes son muy personales y no quieres que nadie más las vea, tíralas al inodoro después de haber leído lo que has escrito.

- **Aprende a deshacerte de las emociones negativas**

Hay muchas maneras de lidiar con la ira, la depresión o el miedo. Puedes intentar llorar, salir a caminar, llamar a un amigo, escuchar música relajante, analizar tus emociones para comprender por qué te siente como te sientes, alejarte de las personas o situaciones que desencadenan tales emociones negativas, respiración profunda o meditación. Si nada de esto ayuda y la sensación es abrumadora (especialmente en el caso de la ira prolongada), puedes intentar golpear o gritar sobre una almohada, o hacer algo de ejercicio.

La conclusión es no ignorar tus sentimientos, sino tomarlos en serio, especialmente si persisten. El desarrollo de la inteligencia emocional puede ayudarte a comprender y procesar tus emociones de manera consciente, evitando así problemas graves relacionados con la salud.

Manejando las emociones en el centro de trabajo

El centro de trabajo moderno ha cambiado mucho en los últimos cincuenta años. Generalmente consiste en oficinas de planta abierta, alta rotación de personal, empleados y empleadores multinacionales e internacionales, alta competitividad y despidos. Dicho entorno requiere personal que pueda hacer frente al cambio constante, la diversidad cultural, los altos niveles de estrés y la inseguridad laboral.

Por esta razón, los empleadores buscan cada vez más candidatos con alta inteligencia emocional, así como la capacidad de trabajar bajo presión. En un mundo cada vez más estresante y desafiante, solo aquellos que pueden manejar sus emociones y manejar el estrés probablemente prosperarán.

Según la profesora de administración de Bond University, Cynthia Fisher, las emociones negativas más comunes experimentadas en el centro de trabajo son:

- **Frustración**

Esto es cuando te sientes atrapado pero no puedes hacer nada al respecto. La frustración en el centro de trabajo es la causa más común de agotamiento.

- **Preocupación**

Con tantos despidos, es natural estar preocupado por perder su trabajo. Sin embargo, en lugar de sentirte ansioso, trata de concentrarte en tu trabajo y piensa en formas de mejorar tu rendimiento para hacerte más empleable. Las personas nerviosas generalmente tienen baja autoconfianza.

- **Ira**

Este es un sentimiento muy destructivo, con el que muchas personas tienen problemas para lidiar. Muy pocas organizaciones tolerarán a los empleados que no pueden controlar su temperamento. Si sabes que tienes una naturaleza agresiva, estate atento a los primeros signos de ira antes de crear un problema. Para controlar tus arrebatos, intenta determinar cuáles son tus desencadenantes más comunes y evita tales situaciones si puedes. También puedes intentar asistir a un curso de manejo de la ira o desarrollar habilidades de inteligencia emocional.

- **Disgusto**

No tienes que querer a alguien para trabajar bien con ellos. En los equipos grandes, es probable que haya muchas personas con temperamentos o estilos de trabajo opuestos. No importa cuáles sean sus sentimientos personales hacia alguien, siempre trate a sus colegas con respeto y asertividad.

- **Decepción**

Las decepciones repetidas siempre afectan negativamente la eficiencia y la productividad y, si no se abordan, pueden provocar agotamiento y una gran rotación del personal.

La clave para alimentar las emociones negativas en el lugar de trabajo, ya sean sentimientos sobre sus colegas, la gerencia, el entorno laboral, el salario o cualquier otra cosa, es que estos sentimientos son contagiosos y este tipo de resentimiento se propaga fácilmente y desmoraliza a los demás. Esta es la razón por la cual es más probable que una persona negativa sea despedida, si no es por otra razón para evitar que su negatividad y resentimiento se propaguen a otros.

Además, a menudo hay personas que felizmente invertirán enormes cantidades de tiempo y energía para fastidiar o sabotear a sus colegas.

Como dijo Reham Khan, un productor de cine paquistaní, "hasta el día de hoy me sorprende pensar en las mujeres en el centro de trabajo que pasan más tiempo tratando de dañar la imagen y oportunidades de otras mujeres en vez de mejorar sus propias habilidades".

Día 13
Piensa antes de hablar

Las palabras pueden sanar, las palabras pueden matar

De alguna manera, las palabras son la herramienta más poderosa que el hombre tiene a su disposición. Tienen el poder de ofrecer esperanza y energía, pero también de herir y humillar. Sin embargo, cuando ves cuán descuidadamente las personas usan palabras y con qué frecuencia lastiman involuntariamente a otros o a sí mismos; parece que no muchas personas son conscientes de esto.

Aún así, hay quienes se disculpan rápidamente por las cosas que han dicho, pero a menudo cuando es demasiado tarde y el daño ya está hecho, como cuando te avergüenzas en público o te hacen sentir pequeño o incompetente frente a tu familia.

Aquí también hay personas cuyas palabras amables y alentadoras pueden ayudarlo a superar los peores traumas.

Las personas que entienden el poder de las palabras pueden usarlas fácilmente para sanar o dañar, dependiendo de lo que esperan lograr.

3 formas de usar las palabras:

- Como persona emocionalmente inteligente, no solo puedes comprender y manejar tus emociones, sino que puedes usar las palabras de una manera que apacigüen, alienten o hagan que los demás se sientan que pertenecen. Combinado con buenas técnicas para escuchar, hablar con amabilidad y humildad es probablemente el mejor remedio para casi cualquier problema.

- Desafortunadamente, muchas personas no son buenas para controlar sus emociones y se preocupan menos por las de los demás. Como resultado, hablan antes de pensar y, a menudo, dicen lo que sea que se les ocurra sin tener en cuenta el impacto que sus palabras podrían tener en los demás. O, peor aún, sabiendo que pueden usar sus palabras como flechas para golpear y destruir a aquellos con quienes hablan.
- También hay personas que necesitan hablar sin parar, desperdiciando su energía y la energía de otros en banalidades.

La forma en que se usan las palabras y los efectos que logran, varían de persona en persona. Las personas emocionalmente inteligentes suelen escuchar atentamente y hablar atentamente con compasión. Las personas egocéntricas a menudo hablan de sí mismas todo el tiempo. Las personas malas o débiles pueden usar las palabras como un arma para vengarse de alguien o lastimarlo de la única manera que pueden.

Las palabras también se pueden usar para enseñar, potenciar, calmar o celebrar, y aunque se usan diferentes actos de habla para diferentes ocasiones, siempre debemos hablar con respeto y humildad.

Las personas con mayor inteligencia emocional comprenden el poder de las buenas técnicas de comunicación y sabrán cómo orientar su voz, lenguaje corporal y palabras con un tema, persona o situación.

¿Cómo mejorar tus habilidades al hablar en público?

Las buenas técnicas de comunicación son valiosas para una vida exitosa, y especialmente profesional, porque te permiten expresar tus emociones o pensamientos de manera segura, profesional y oportuna.

Sin embargo, si tu trabajo requiere que hables con frecuencia en público, hagas entrevistas, presentaciones de ventas y más, vale la pena invertir en el desarrollo de tus habilidades de inteligencia emocional, lo que te ayudará a conectarte con otros con confianza y empatía.

Se pueden aprender buenas técnicas para hablar en público, pero solo vendrán con la práctica. Hay muchos consejos sobre cómo se pueden desarrollar y mejorar estas habilidades, y los oradores públicos con experiencia finalmente crean un estilo propio de hablar .

<u>5 consejos para hablar en público con éxito:</u>

- **Prepárate**

Así es como superas el nerviosismo. Dependiendo de cuánto tiempo tengas, revisa tus notas varias veces, especialmente si eres nuevo en esto. Sin embargo, la preparación excesiva puede ser contraproducente, porque si aprendes tu presentación completa de memoria, puede sonar menos genuino. Si te sientes nervioso, practica frente a un espejo o pídele a un amigo que sea tu audiencia.

- **Haz que tu estilo de hablar coincidan con tu audiencia**

Si es posible, trata de averiguar quién es tu audiencia, porque tanto el idioma como la forma de presentación serán diferentes si te diriges a una sala de juntas o un grupo de estudiantes de secundaria.

- **Organiza tus notas**

Incluso si has hecho ese discurso o presentación en particular muchas veces, escribe los temas clave y los puntos principales. A veces, la audiencia puede interrumpir tu presentación con preguntas, o la atmósfera puede ser ruidosa, o puede haber un montón de idas y venidas y es fácil distraerse.

- **Retroalimentación**

Puedes aprender mucho de los demás, así que entrega una hoja de comentarios al final de la presentación o conferencia, o pide a alguien de confianza que te cuente cómo te fue. En este caso, incluso los comentarios negativos pueden ser muy útiles.

- **Hazlo especial**

Dependiendo del tipo de discurso, presentación o conferencia que tengas que hacer, puedes usar pequeñas cosas que harán que tu estilo de hablar sea único. Cosas como bromas, interacción con el público, temas o la forma en que los abordas contribuyen a que la ocasión sea interesante y divertida. Para mantener cautivado al público, intenta captar su atención en los primeros diez minutos.

- **Lenguaje corporal**

Vístete cómodamente, pero profesionalmente. Practica el tono de voz, los gestos con las manos y el contacto visual. Si mirar a los ojos de las personas te hace sentir nervioso, mira por encima de sus cabezas y "dirígete" a los que están sentados en la fila de atrás. O elije un lugar neutral para enfocarte.

- **Termina con estilo**

Elije la parte más interesante de tu presentación para terminar, de modo que dejes a tu audiencia deseando más.

- **Ayuda audiovisual**

Úsalo cuando sea adecuado, pero no son cruciales para un buen discurso o presentación. Las personas a menudo tienden a centrarse en las imágenes, por lo que usar demasiado puede hacer que se centren menos en tus palabras.

Día 14

Tómatelo con calma

Aprende a aceptar las críticas

Aceptar las críticas sin tomarlas personalmente es un signo de madurez, confianza en si mismo e inteligencia emocional; sin embargo, muy pocas personas pueden hacerlo.

Esto no es del todo sorprendente, porque aquellos que brindan comentarios a menudo no están capacitados adecuadamente para hacerlo profesionalmente. Además, muchas personas no tienen buenas intenciones y estarán muy felices de aprovechar la oportunidad de utilizar sus comentarios para dañar su confianza.

Sea como fuere, recibimos comentarios en varias formas a lo largo de nuestras vidas, por lo que aprender a hacerlo profesionalmente y recibirlo con gracia son habilidades por las que todos debemos esforzarnos.

Hay formas de proporcionar retroalimentación con sutileza, aunque muchas personas tienden a ser francas. Esto se debe a que no se preocupan por los sentimientos de otras personas, simplemente no son conscientes de cuán destructivas pueden ser las críticas o son intencionalmente maliciosos.

Entonces, ¿cómo comportarse si recibes comentarios negativos? Depende de quién viene y por qué.

7 cosas que debes preguntarte cuando recibes comentarios negativos o críticas severas:

- **¿Cuál es la ocasión?**

¿Fue esta retroalimentación personal o profesional? ¿Fue esta una evaluación del desempeño laboral, o una amiga que te dijo lo que piensa sobre el discurso que diste, o tu madre comentó sobre tu estilo de vestir?

- **¿Qué tan constructivo/útil es la retroalimentación?**

Sea lo que sea que te hayan dicho, pregúntate si es algo que puedas usar para mejorar tus habilidades, como hablar en público, administrar proyectos, conducir, etc. Si no se obtiene nada de la crítica, ¿por qué se hicieron y por qué accediste a escucharlas?

- **¿Quién lo está dando?**

Existe una gran diferencia si los comentarios provienen de alguien muy importante para ti, como tu jefe o tu pareja, o si es solo un comentario amistoso (o no tan amistoso) de un colega o un amigo.

- **¿Qué tan malo puedo ser?**

Es imposible pasar por la vida ileso, particularmente en el mundo de los negocios. Los que son muy sensibles probablemente tendrán dificultades para aceptar las críticas, incluso si tienen buenas intenciones. Si eres tú, trata de trabajar en tu autoconfianza y deja de sentir que todo se trata de ti. El hecho de que alguien te haya dado un comentario negativo no significa que tenga algo en tu contra personalmente. Tal vez te veías incómodo con ese vestido o hiciste una broma estúpida en el peor momento posible, o no cumpliste con tu trabajo a tiempo.

- **¿Sientes que la retroalimentación negativa fue maliciosa?**

Esto debería preocuparte solo si proviene de alguien a quien eres dependiente, como tu jefe. De lo contrario, acéptalo como parte de la vida.

- **¿Por qué te sientes mal por eso?**

A veces, la retroalimentación negativa lleva a las personas a esforzarse más, mientras que otras se vuelven retraídas, desmoralizadas y desanimadas a volver a intentarlo. Si te sientes realmente mal por las críticas, trata de averiguar por qué. ¿Es porque no estás acostumbrado a que te critiquen o porque esperabas que nadie se diera cuenta de lo mal que te equivocaste?

Intenta analizar los comentarios de forma neutral, como si no se tratara de ti. ¿Qué mensaje está enviando? ¿Qué puedes aprender de él? Como dijo Robin Sharma, "la retroalimentación negativa puede amargarnos o hacernos mejores". Depende de nosotros.

Admite que estabas equivocado

No es fácil admitir que te equivocaste. Dependiendo de lo que hayan hecho, puede ser tan difícil que muchas personas elijan vivir en negación, en lugar de confesar. O bien, pueden tratar de encontrar excusas, culpar a otros, darlo por perdido o simplemente mentir.

Cuando se trata de cometer un error, puedes admitirlo o negarlo. Quienes reconocen el error de sus formas muestran que tienen confianza en sí mismos e integridad. En cierto modo, admitir sus errores puede mejorar su estado entre sus colegas o compañeros.

Esto sucede principalmente porque aquellos que convocan el coraje (y la decencia) para abrirse a la crítica demuestran rasgos importantes de liderazgo y madurez.

Si te encuentras en una posición de liderazgo, es extremadamente importante liderar con el ejemplo. Cuando admites que te equivocaste, le estás mostrando a todos los demás cómo deben comportarse y enseñándoles que todos cometemos un error. Como resultado, otros confiarán más en ti, y esto puede hacerte más accesible porque otros estarán menos nerviosos de admitir que ellos también han hecho algo mal.

Algo que a menudo olvidamos, o elegimos no pensar, es que cuando cometemos un error pero nos negamos a reconocerlo, es posible que alguien más tenga que echarse la culpa. Si te gusta jugar con tus amigos y colegas de esta manera, sigue adelante, pero solo durará hasta que te descubran y, como resultado, probablemente nunca se volverá a confiar en ti. Cuando eres atrapado en una mentira, prepárate para aceptar las consecuencias. Y en algunas situaciones o trabajos, no hay vuelta atrás.

Aunque todos deberíamos tratar de no cometer errores, el truco es aprender de ellos, para que no repita el mismo error nuevamente. Y tener el coraje de admitir que te equivocaste aumenta tu autoestima, y te ayuda a ganar el respeto de los demás, porque tienes la confianza y la decencia suficientes para admitir que te equivocaste.

Citando a Donald L Hicks, "Cometer errores o equivocarse es humano. Admitir esos errores demuestra que tienes la capacidad de aprender y te estás volviendo más sabio".

¿Cómo proporcionar comentarios negativos?

Como amigo, padre, pareja o empleador, a menudo tienes que proporcionar comentarios, a veces negativos. La forma en que lo hagas puede que no marque una gran diferencia para ti, pero sí lo hará para el receptor.

Escuchar las respuestas a preguntas como "¿Cómo me veo con este vestido?", "¿Debería confiar a él mis ahorros?" o "¿Lo hice bien en la reunión?" Generalmente no es agradable de escuchar, pero puede ser estimulante SI es que la persona que lo da tiene sus mejores intereses en mente, y SI es que tiene la confianza suficiente para no tomarlo como algo personal.

Los elogios falsos son fáciles de dar, y las personas a veces hacen esto si saben que la persona que pidió su opinión no puede manejar las críticas. Sin embargo, en una situación laboral, esto no es posible, y cuanto más sensible sea usted mismo (menos confianza en sí mismo tenga), más difícil será lidiar con las críticas. La retroalimentación negativa, especialmente si la persona siente que está desatendida o si sucede una y otra vez, puede ser muy desmoralizante y en realidad puede evitar que las personas lo intenten.

Por lo tanto, si tienes que ofrecer críticas, trata de aclarar por qué estás dando comentarios negativos y sugiere formas de superar las razones que contribuyeron a ello. Esto es importante porque, para que la crítica sea constructiva, deberías ayudar a la persona a mejorar a sí misma y no dañar su confianza.

7 consejos sobre cómo dar retroalimentación negativa:

- Proporciona retroalimentación regularmente, especialmente si es negativa, en lugar de esperar para decirle a alguien lo que piensas de su comportamiento, ética de trabajo, estilo de gestión, etc. Es posible que las personas no puedan recibir tantas críticas a la vez, pero si te contactas con ellos mensualmente, pueden mejorar gradualmente.
- Nunca des retroalimentación si no te sientes bien, como cuando estás enojado, cansado, hambriento o apurado. Si estás irritado, se mostrará en tus comentarios, y es más probable que la persona a la que se lo estés dando lo tome personalmente. Las buenas técnicas de comunicación y la empatía son muy importantes al proporcionar cualquier tipo de retroalimentación, y especialmente cuando es negativo.
- Prepárate para la reunión con al menos un par de días de anticipación. Asegúrate de tener documentos de

respaldo, y si esperas confrontación, también prepárate emocionalmente.

- Hazlo con la persona presente, en lugar de hacerlo por correo electrónico. Da a la persona la oportunidad de escucharlo cara a cara. Aquellos que temen dar comentarios negativos a alguien que saben que reaccionarán de forma exagerada pueden tratar de salirse con la suya por escrito, pero esto no es muy profesional.
- Comienza la reunión con un comentario positivo, enumera las cosas que la persona hace bien, luego aborda la parte negativa con lo que crees que es la raíz del problema. Suavizará la negatividad si sugieres una solución, como asistir a un curso de gestión de proyectos, mejorar las habilidades de comunicación, repasar un idioma extranjero o cualquiera que sea el caso.
- Es muy importante escuchar atentamente lo que la otra persona tiene que decir sobre su desempeño. Escucha atentamente, especialmente si proviene de alguien que conoces que no tiene la confianza para decirle abiertamente lo que piensas. Puede que tengas que leer entre líneas.
- Si eres es un gerente de línea o un colega superior, ayúdalos a llegar a donde les gustaría estar, ofreciendo mentoría.

Día 15
Luchar por lo que crees

Practica lo que predicas

Las personas emocionalmente inteligentes poseen autoconciencia que, entre otras cosas, les ayuda a defender lo que creen. Al tener la confianza suficiente para saber cuáles son sus valores, y lo suficientemente asertivo como para tener el coraje de ponerse de pie y marcar la diferencia, ellos nos muestran cómo ser sinceros con nosotros mismos y seguir nuestra pasión.

Sabemos que los pensamientos o declaraciones repetidas eventualmente se convierten en nuestras creencias fundamentales. Algunas de estas creencias pueden haber sido impuestas sobre nosotros cuando éramos jóvenes, algunas las heredamos de nuestra familia, mientras que otras nos las prestaron otras. La razón por la cual nuestras creencias fundamentales son tan importantes es porque muestran cuáles son nuestros valores clave en la vida.

Muchas personas están dispuestas a defender sus convicciones. Sin embargo, todos sabemos que no siempre es fácil, de ser posible, ser abierto sobre en qué o en quién cree, a menos que disfrute de la confrontación. Y puede ser muy aterrador, especialmente si sus creencias van en contra de lo que la mayoría de las personas quieren o creen.

Dependiendo de lo que se trate, tener el coraje de defender lo que crees puede hacerte muy popular o crear muchos problemas. Por lo tanto, teniendo en cuenta la oposición que probablemente enfrentarás si no tienes miedo de decirle al mundo lo que piensas, asegúrate de saber de qué está hablando. Edúcate sobre el tema y mantente informado. Y si tienes la oportunidad de decir lo que piensas, hazlo de una manera educada y sin confrontaciones.

4 razones por las que vale la pena defender tus creencias:

- Cuando no tienes miedo de ponerte de pie y hacer una diferencia, estás demostrando coraje y autoestima. Como resultado, serás respetado por otros, aunque tal vez nunca te digan eso.
- Puedes ser una inspiración para otros que nunca se atrevieron a defender tus creencias. Tu "declaración" puede aumentar tu confianza para hablar por la causa en la que crees.
- Cuando reúnes suficiente coraje y confianza para hablar por lo que crees, demuestras que eliges ser tú mismo, en lugar de conformarte con lo que todos los demás dicen o hacen.
- Si realmente crees en algo, sigue ese sueño. Gandhi y Martin Luther King hicieron exactamente eso. Estás en buena compañía.

La capacidad de "conectarse" con otros es un regalo especial que puede ayudarte en casi cualquier esfera de la vida. Con grandes habilidades de inteligencia emocional, particularmente empatía, no solo le resultará fácil entender a los demás, sino que también podrá transmitir mensajes de manera eficiente y efectiva.

Cuando decides defender lo que crees, encuentras una manera de demostrar cómo "caminas" y cómo otros podrían ayudarte. Hay causas y situaciones en las que simplemente sabes que tienes que involucrarte y hacer algo, porque si no lo haces, te sentirás culpable por el resto de tu vida. Aprovecha la oportunidad cuando se presente y sé fiel a ti mismo.

Sigue tu pasión sin preocuparte por lo que otros dirán. Pueden burlarse de ti por un tiempo, pero en el fondo, muchos de ellos probablemente están enojados consigo mismos por no tener las agallas para hacer lo mismo.

Esta cita lo dice todo: "Defiende lo que crees, incluso si eso significa defenderte solo".

¿Por qué es importante la autoconciencia?

Solo aquellos con un mayor sentido de autoconciencia se atreverán a defenderse por sí mismos cuando sepan que "se defenderán por sí mismos".

La autoconciencia se considera una de las competencias clave de la inteligencia emocional. Básicamente, se trata de comprenderte mejor: ¿qué te motiva?, ¿cuáles son tus principales fortalezas y debilidades?, ¿cuáles son tus valores centrales?, ¿cómo te relacionas con los demás?, etc.

Cuando sepas todo esto sobre ti, tendrás una idea bastante buena de cómo desplazarte por la vida: al desarrollar tu autoconciencia, en realidad estás desarrollando tu inteligencia emocional.

4 pasos básicos para la autoconciencia:

- **Comprende de dónde vienes**

¿Cuánto sabes sobre tu historia familiar? ¿Tu origen étnico? ¿Cuál es la historia de tu vida? ¿Qué efecto tuvieron tus relaciones pasadas en ti? ¿Cómo estás de salud? ¿Cómo manejas el estrés? ¿Cómo te describirías en una frase? ¿Quién eres tú? ¿Cómo eres?

- **Autorreflexión**

Trata de reservar al menos veinte minutos todos los días para contemplar el día anterior o el que viene, tus emociones en ese momento en particular o tu vida en general. Si lo prefieres, puedes orar o meditar, en tu lugar. En cualquier caso, te sorprenderás de cuánto puedes "escuchar" cuando te sientas en silencio.

- **Retroalimentación**

Intenta obtener comentarios honestos de alguien en quien confíes, pero elige cuidadosamente a quién le preguntas. Raramente nos vemos cómo nos ven los demás. Lo que escuchas puede no ser agradable, pero si proviene de una persona bien intencionada, puede ayudar mucho más que el elogio falso. Las personas inseguras o las que te encuentran intimidante te dirán lo que quieres escuchar. Las personas que están celosas de ti pueden aprovechar la oportunidad para dañar tu ego con comentarios rencorosos o manipuladores.

Aquellos con alta autoconciencia les resulta fácil comprender a los demás porque entienden la vida. Se relacionan fácilmente con los sentimientos de otras personas, porque reconocen y manejan bien sus propios sentimientos. Y la razón por la que son buenos es porque saben quiénes y qué son, y cómo llegaron allí.

Una vez que logres una mayor conciencia de ti mismo, podrás aprovechar al máximo tus puntos fuertes y canalizar tu energía hacia donde más se necesita.

Día 16

Conexión

¿Por qué necesitas personas?

Las personas son probablemente la causa de algunos de los recuerdos más felices y miserables de nuestras vidas. Pueden proporcionar amor, cuidado, ayuda y alegría, pero también pueden ser una fuente de pérdida de energía, frustración, desilusión e ira.

La ciencia demostró hace mucho tiempo que la interacción social es muy importante para nuestro bienestar físico y mental. Aunque no todos seamos muy comunicativos, el apoyo social, particularmente en ciertos momentos de nuestra vida, como cuando se trata de divorcio, redundancia o la muerte de un ser querido, es lo que a menudo marca la diferencia entre superarlo o hundirse en la depresión.

Sin embargo, algunas personas pueden vivir felices de forma aislada, y eso está bien siempre y cuando lo disfruten. Pero incluso si aislarse de las personas le ocasiona mucho dolor y sufrimiento, también lo priva de alegría, compañía y amistad. Por molesto que pueda ser a veces, la gente está allí por una razón.

Sin embargo, la interacción exitosa con las personas es una habilidad que no todos pueden dominar. Comunicarse y conectarse con los demás es un aspecto importante de la vida, pero muchas personas son torpes en sus relaciones, lastiman continuamente a otros con comentarios inapropiados, chismean, no están ahí para ellos en momentos de problemas o los explotan.

También está el tema de la cultura de la que proviene. En sociedades donde es común que las familias extendidas vivan juntas, y donde un hogar promedio generalmente tiene 15 o más personas, vivir en aislamiento es, por razones prácticas, imposible, pero tampoco es algo que la gente quiera. Cuando te acostumbras a estar cerca de otros todo el tiempo, te resulta difícil funcionar por tu cuenta. Como resultado, estas personas funcionan mucho mejor en un grupo.

Sin embargo, la cultura occidental moderna tiene que ver con la independencia, la autonomía y la autosuficiencia. Se alienta a las personas a seguir sus sueños independientemente de la tradición familiar o las normas culturales. Las familias son mucho más pequeñas, y una vez que los niños cumplen 18 años y se van de casa, se vuelven aún más pequeños. Tampoco es raro que las personas vivan solas.

Sin embargo, independientemente de nuestro estilo de vida, todos necesitamos que otros se sientan completos. Al vivir por su cuenta, ya sea por necesidad o por elección, probablemente necesite personas incluso más que aquellos que viven rodeados de otros todo el tiempo.

Independientemente de cuánto interactúes con los demás, claramente necesitas las habilidades sociales. La mayoría de nosotros recoge esto de la familia a medida que crecemos. Pero en las culturas donde las familias extendidas viven juntas, las personas desarrollan buenas conexiones porque aprenden habilidades clave de las personas desde una edad temprana.

Sin embargo, en la sociedad occidental "autosuficiente", las habilidades sociales deben aprenderse a través de la educación. La inteligencia emocional es la esencia de las habilidades básicas de las personas que probablemente todos fuimos buenos a la vez, pero que ahora tenemos que aprender de los libros o cursos.

Pero, independientemente de si las habilidades con las personas ocurren naturalmente o si aprendes sobre ellas en un curso, y sin importar cuán introvertido puedas ser, todos necesitamos personas en nuestras vidas.

Theodore Roosevelt describió mejor la importancia de la inteligencia emocional para la sociedad humana, mucho antes de que se escribieran libros sobre el tema: "El ingrediente más importante en la fórmula del éxito es saber cómo llevarse bien con la gente".

Sé feliz por los demás

Ser feliz por los demás no es fácil para todos. Aquellos a quienes les gustan las personas y que están genuinamente felices por los demás, incluso por aquellos que no conocen personalmente, generalmente son personas que son emocionalmente maduras y lo suficientemente seguras como para no ver el éxito de otra persona como una amenaza potencial para sí mismos.

Entonces, ¿qué significa realmente ser feliz por los demás? Se trata de estar realmente contento de que alguien lo haya logrado. Pero también se trata de estar agradecido por lo que TÚ tienes, incluso si crees que mereces mucho más. Las personas emocionalmente inteligentes no comparan su éxito o felicidad con la de los demás. En cambio, trabajan continuamente en sí mismos, mejorando sus habilidades con las personas y su entendimiento general de lo que funciona y lo que no.

Al estar alineados con sus emociones y saber lo que los desencadena, pueden reconocer fácilmente los primeros signos de envidia, o tal vez enojo o resentimiento por no haberse esforzado más. Pero, como son más capaces de manejar sus emociones, no les permiten interferir con su juicio o comportamiento.

La clave para aprender a ser feliz por los demás es dejar de comparar su éxito (o felicidad, riqueza o apariencia) con el tuyo.

Por ejemplo, el hecho de que tu mejor amiga sea hermosa no te hace menos bonita, tal vez ella simplemente pasa más tiempo preparándose. O bien, el hecho de que su primo viva en una casa grande no significa que usted tampoco pueda hacerlo, tal vez necesite comenzar a administrar mejor sus finanzas. O si un amigo consiguió un gran trabajo, tal vez solo invirtió más tiempo y energía que usted en su educación.

No olvides que el éxito, rara vez se produce sin años de arduo trabajo, por lo que el éxito de otra persona generalmente es solo una señal de que administraron mejor su dinero, invirtieron más tiempo en educación y capacitación, o tuvieron mejores habilidades con las personas que con su competencia.

Al igual que puede haber ayudado indirectamente a alguien a obtener lo que quiere en la vida, hay personas en tu vida que pueden ayudarte a obtener lo que deseas, siempre y cuando sepas lo que es.

3 consejos sobre cómo ser genuinamente feliz por personas que parecen tenerlo todo:

- **Deja de compararte con otros**

Cuando constantemente, de manera inconsciente, te enfocas en lo que otros tienen, cómo se ven, qué felices están, etc., estás desperdiciando tu energía. Agradece lo que tienes, aunque puede ser difícil si lo que tienes es muy poco. Si esto no funciona, piensa en al menos dos cosas que tengas: buena salud, niños respetuosos, un buen departamento, un trabajo seguro, un buen ingreso. Todos tienen algo por lo que estar agradecidos, incluso si es menos de lo que creen que merecen.

- **Entiende que eres valioso**

Esto no tiene que referirse a posesiones materiales, porque no son TÚ. Entonces, incluso si eres es la única persona en tu oficina (o entre sus amigos) que no tiene un automóvil, o que todavía vive con sus padres, o que está trabajando en un trabajo mal pagado, eso no cambia quién eres. Todos somos especiales a nuestra manera, y probablemente hay muchas cosas sobre ti por las que eres apreciado, como tu paciencia, empatía o amabilidad. Por otro lado, tu estado financiero o marital no dice cómo eres realmente, sino que simplemente describe cómo vives.

- **No ignores tus emociones negativas**

Cuando te sientas envidioso, trata de descubrir por qué el éxito de otra persona te molesta. Pregúntate qué te impide obtener lo mismo que ellos tienen. Luego, en lugar de ser envidioso, alégrate por ellos y ves qué puedes aprender de su éxito. Quizás puedas "robar" una o dos ideas.

La clave para recordar es que los exitosos o felices no corren por tu cuenta. No te han robado tu felicidad, ni han limitado la cantidad total de felicidad disponible para todos. De hecho, probablemente trabajaron duro para llegar a donde están hoy.

Día 17

Reprograma tu mentalidad

¿Por qué vale la pena adoptar una actitud positiva?

Muchas personas creen que la razón por la que las personas positivas parecen tener más éxito en la vida es simplemente porque tienen suerte, pero la verdad es un poco más complicada que eso. Cuando vives tu vida con una mentalidad positiva, tiendes a atraer experiencias positivas a tu vida: amor, gente decente, éxito profesional, riqueza.

Además, como siempre tienden a ver el lado positivo de la vida, estas personas también se enfrentan mejor al estrés, por lo que generalmente son más saludables. Todo esto les ayuda a disfrutar de más oportunidades, contribuyendo a una vida generalmente exitosa y plena.

Por otro lado, aquellos que se centran en lo negativo, como los problemas, las heridas del pasado, las injusticias, la injusticia de la vida, la mala salud, etc., son ingenuos y esperan que ocurra algo positivo. Lo que lamentablemente no se dan cuenta es que cuando se enfocas en la "falta", eso es exactamente con lo que terminas.

La vida es a menudo injusta y necesitas toda la energía que puedas reunir para enfrentarte a los desafíos cotidianos. Es por eso que es tan importante dejar de lado todos los pensamientos, emociones y personas que te agotan porque son la causa subyacente de los sentimientos de miedo, inseguridad, preocupación o amargura.

Si bien algunas personas parecen ser naturalmente positivas sobre la vida y son optimistas en casi todas las situaciones, la mayoría de nosotros tenemos que trabajar para desarrollar una actitud más positiva y aprender a detener el auto-sabotaje con pensamientos negativos.

<u>13 pasos para desarrollar un estado mental más positivo:</u>

1) Aceptar el cambio como algo natural de la vida.
2) Haga que sea una prioridad cuidarse y nutrir su cuerpo, mente y alma.
3) Aprenda a identificar los pensamientos negativos y detenerlos antes de que se conviertan en parte de su mentalidad.
4) Rodéate de aquellos en cuya compañía te sientes apreciado y aceptado.
5) Evite a las personas que están "enojadas con la vida". Su amargura es contagiosa.
6) Elige amigos que te acepten por lo que eres.
7) Evitar o limitar los medios negativos.
8) Manténgase alejado de los drenajes de energía, ya sean situaciones, ubicaciones o individuos.
9) Si de repente te sientes deprimido, intenta resolver qué precedió a esos pensamientos. Descubrir qué o

quién activó tu patrón de pensamiento negativo puede ayudarte a evitar situaciones similares en el futuro.

10) Reduce el estrés aprendiendo a decir “NO”.

11) Busca soluciones en lugar de centrarse en los problemas.

12) Aprende a detectar oportunidades y a utilizarlas.

13) Trata de pensar en ti mismo como te gustaría ser, no como eres. Luego pregúntate qué te impide convertirte en esa persona.

Otra forma de mantener una actitud positiva sobre la vida es limitar tus expectativas. Esto no es fácil en el mundo consumista y a menudo agresivamente competitivo en el que vivimos, donde constantemente se nos insta a comprar más y ganar más, o ser el mejor, más joven, súper delgado y súper saludable.

Nunca olvides que la vida se trata de elegir. Cuando eliges ver oportunidades en lugar de problemas, las oportunidades realmente comienzan a presentarse.

Como dijo Wayne Dyer en uno de sus libros: “Con todo lo que te ha pasado, puedes sentir pena por ti mismo o tratar lo que pasó como un regalo. Todo es una oportunidad para crecer o un obstáculo para evitar que crezcas. Tienes la oportunidad de elegir¨.

Rediseña tu vida reprogramando tu mente

Esto puede parecer una tarea imposible para alguien que ha vivido con una mentalidad negativa toda su vida. Una mentalidad negativa refleja todos los aspectos de tu vida; cómo se relaciona con sus hijos, pareja, trabajo, amigos, oportunidades, decepciones o tragedias.

De acuerdo con el concepto de ¨lo semejante se atraen¨, centrarse en lo negativo significa que probablemente atraerá a personas o eventos que coincidan con ese patrón de pensamiento. Cuando escuchas a algunas personas explicar por qué están tan amargadas por la vida y escuchas todas las desgracias con las que han tenido que lidiar, inmediatamente entiendes por qué siempre son tan negativas, incluso tóxicas hacia los demás.

Sin embargo, probablemente es porque se acercaron a todo en la vida con una actitud negativa —su trabajo, relaciones, crianza de los hijos— sin satisfacción y felicidad, casi esperando que ocurriera lo peor cualquier día, que su vida resultó ser de esa manera.

Aunque tu mentalidad no está hecha de piedra y siempre se puede cambiar, requiere mucha disciplina y compromiso. En otras palabras, debes reconocer que tienes una mentalidad negativa y que te ha retrasado la vida y ha contribuido a muchas oportunidades perdidas, malas decisiones o relaciones fallidas.

Entonces, ¿es posible cambiar la dirección que está tomando tu vida reprogramando tu mente? Absolutamente, aunque mucho dependerá de dónde te encuentres en la vida. Cuanto más tiempo hayas vivido con resentimiento y miedo, más esfuerzo se necesitará para cambiar la forma en que ves el mundo y tu lugar en él.

La inteligencia emocional es una herramienta que puedes usar para cambiar de dirección, pero primero, debes tener claro qué es lo que necesitas cambiar.

Hay un dicho que dice que su mente es la clave del éxito y la felicidad, pues si debido a una programación defectuosa experimentó repetidamente desilusión y mala suerte, todo lo que tiene que hacer es reprogramarla para el éxito.

8 pasos para una mentalidad positiva:

1) **Reconocer**

Acéptalo, todos hemos cometido algunos errores en nuestras vidas. Reconoce todas las oportunidades que perdiste y todas las relaciones que arruinaste debido a esto, luego decide cómo te gustaría compensar el tiempo y la energía perdida.

2) **Comprometerse**

Prepárate para una búsqueda del alma, dudas, miedo y arrepentimiento, pero recuerda que a menos que trabajes para cambiar algo en tu vida, no sucederá por sí solo. Lo peor sería que continúes viviendo tu vida como hasta ahora.

3) **Toma una decisión**

Haz un balance de tu vida. El camino que elijas no será fácil ni directo. Toma la decisión correcta: elije la actitud que te ayude a volar, en lugar de quedarte estancado.

4) **Crea un sistema de creencias completamente nuevo**

De ahora en adelante, debes concentrarte en tus fortalezas y oportunidades, no en tus errores y fracasos pasados.

5) **No tengas miedo a los fracasos**

Acéptelos como parte de la vida y una oportunidad para aprender algo nuevo.

6) **Aumenta tu autoconfianza y autoconciencia**

Creer que un cambio es posible es lo que lo hace posible.

7) **Nunca dejes de aprender**

En un mundo de muchos cambios, necesitas estar constantemente aprendiendo y mejorando.

8) **Crece**

Aprende de la experiencia de otros que cambiaron sus vidas cambiando su mentalidad.

¿Cómo la inteligencia emocional estimula una mentalidad positiva?

El pensamiento positivo es mucho más importante de lo que creemos, porque sentimos sus efectos en casi todas las áreas de nuestras vidas. Los psicólogos creen que una actitud negativa, como esperar catástrofes y hostilidades y experimentar miedo o rabia, en realidad es parte de un antiguo mecanismo de supervivencia, porque estos sentimientos ayudaron a los hombres a estar alerta en situaciones o con personas potencialmente peligrosas. Y eso es lo que les ayudó a mantenerse con vida.

Sin embargo, a medida que pasamos de un entorno físico a uno social, ya no necesitamos emociones como esa, excepto quizás en situaciones extremas, como durante una guerra o catástrofes naturales. Pero nuestros cerebros aún funcionan de acuerdo con este modelo original, advirtiéndonos constantemente de posibles peligros.

Como nuestro entorno ha cambiado mucho desde aquella época, ya no necesitamos tanto estos mecanismos de supervivencia, y deberíamos reemplazarlos con nuevos comportamientos y patrones de pensamiento más adecuados para los desafíos de hoy en día. Existen varias herramientas que pueden ayudarnos a lograr esto, y la inteligencia emocional es una de ellas.

Si usted es serio acerca de cambiar su patrón de pensamiento, lo primero que debe hacer es deshacerse o limitar el diálogo interno negativo. Desafortunadamente, los pensamientos que conducen a este tipo de conversación no siempre son fáciles de identificar, y aquí es donde la inteligencia emocional puede ayudarlo.

Una de las cosas en las que las personas emocionalmente inteligentes son particularmente buenas es reconocer los pensamientos y los sentimientos que los siguen. Es por eso que saben qué hacer cuando reconocen que un pensamiento o emoción negativa brota.

La inteligencia emocional fomenta un estado mental positivo, y cuando eres positivo acerca de la vida, tiendes a estar más dispuesto a escuchar a los demás y participar con ellos en un nivel más profundo.

Por lo tanto, una mentalidad positiva, combinada con inteligencia emocional, contribuye en gran medida a mejorar su calidad de vida en todos los niveles, simplemente porque con esa actitud, creas mejores relaciones, enfrentas mejor el estrés, atraes oportunidades y evidentemente, llevas a una vida más feliz y satisfactoria.

Día 18

Perdona y sigue con tu vida

Inteligencia Emocional y El Perdón

En algún momento de nuestras vidas, todos hemos sido heridos. Las personas engañan, mienten, se engañan unas a otras, se van, dan marcha atrás cuando más los necesitamos, revelan nuestros secretos, etc. Sin embargo, mientras algunos se aferran a estos dolores del pasado, reviviéndolos día tras día por el resto de sus vidas, otros deciden dejarlos y seguir adelante.

Hay cosas que son imposibles de superar, como el abuso infantil o la tortura animal, todavía hay algo muy liberador sobre el perdón. Sin embargo, perdonar a alguien no significa que lo que hicieron debe ser olvidado o aprobado.

El problema es que el dolor y la ira causados por el daño o la injusticia que experimentó, continuarán viviendo en su subconsciente, recordándole constantemente ese trauma, especialmente cuando algo desencadena los recuerdos del incidente, que seguramente sucederá de vez en cuando. Pero cuando perdonas, eliges dejar el dolor y seguir adelante con tu vida.

La inteligencia emocional nos muestra cómo interactuar con éxito con los demás y cómo manejar nuestras reacciones ante las emociones provocadas. También nos ayuda a comprender nuestras propias emociones y expresarlas a medida que ocurren, para que no se repriman.

Una persona que perdona es alguien con mayor inteligencia emocional, porque personifica la madurez y la capacidad de moverse más allá de sus emociones actuales.

A veces, puede llevar años comprender y superar un incidente, pero hasta que perdones, permanecerás atrapado en el pasado. Y eso es lo último que quieres hacer, especialmente si tu pasado no es algo que quieras recordar.

Perdonar no significa que alguna vez olvidarás lo que pasó. En cambio, se trata de decidir ir más allá del dolor y recuperarte.

Sin embargo, perdonar es un proceso continuo. Cuando perdonas, es posible que no dejes de sentir enojo por lo que te sucedió de inmediato, o de que nunca volverás a confiar en esa persona, pero es un comienzo. Cuando decides ir más allá del incidente, no es porque quieras facilitarle la vida a la persona que te lastimó, sino a ti mismo.

Perdonar requiere coraje, y no todos pueden hacerlo, pero el concepto de inteligencia emocional fomenta el espíritu de perdón, aunque solo sea para traer paz a la víctima.

Aunque la venganza puede parecer una opción tentadora, tiene un gran impacto en tu bienestar mental y emocional.

Como señaló Mahatma Gandhi, "El débil nunca puede perdonar; el perdón es atributo de los fuertes".

Deja ir... el pasado duele

Todos hemos sido heridos, y generalmente culpamos a otros por ello. A veces, quienes nos lastiman se disculpan o intentan hacer algo para hacer las paces, pero a menudo fingen que no pasó nada o se mantienen firmes con una actitud de "¿y qué?".

Ser lastimado se trata de justicia. Esperamos que alguien nos compense de alguna manera, o al menos que reconozca lo que ha hecho.

Sin embargo, este proceso pone todo el poder en manos de otros. La ira es un sentimiento poderoso y puede ser autodestructivo si se dirige hacia uno mismo: puede estar enojado consigo mismo por haber contribuido involuntariamente al incidente o por no haber reaccionado de manera diferente cuando sucedió.

La inteligencia emocional nos anima a reconocer nuestros sentimientos, reconocerlos y permanecer con ellos hasta que hayan sido procesados para que podamos expresarlos de manera adecuada. Esto significa que puede ser muy dañino si sigues diciéndote a ti mismo que no estás enojado, o que has perdonado a alguien, mientras que en el fondo, ardes de rabia.

Cualquier sentimiento que experimente, ya sea ira, humillación, decepción o desesperación, quédese con él. Cuando ignoras tus sentimientos dolorosos, todo lo que estás haciendo es tratar de enterrar el pasado. Desafortunadamente, el pasado tiene la costumbre de salir a la superficie, a veces en los momentos más inoportunos.

Sea lo que sea que sientas, quédate con esos sentimientos. Siente el dolor, el odio, la humillación, la amargura. Analízalos para que entiendas qué los desencadenó, y cuando los hayas procesado y estés listo para continuar, suéltalos. Luego, decide dejarlo todo atrás.

3 maneras de dejar atrás un doloroso pasado:

- **Reconocer**

Examina tu rol en cualquier situación que te haya causado dolor y cómo podrías manejar una situación similar de manera diferente con el conocimiento que tienes ahora.

- **Decide dejarlo ir**

Este es un proceso muy poderoso, porque implica una elección, y la elección es tuya. Puedes elegir permanecer atrapado en el dolor o dejarlo ir. Esto es muy enriquecedor y liberador, porque la pelota ahora está en tu cancha. TÚ decides qué sucede con el dolor que has experimentado.

- **Expresa el dolor**

Cualquiera que sea la incomodidad que te causa el dolor (vergüenza, culpa, culpabilidad, enojo, miedo), libéralo de la forma que mejor te parezca; llorando, gritando en una almohada, escribiendo, hablando con alguien, meditando, rezando o lo que funcione para ti. De lo contrario, el sentimiento negativo puede permanecer contigo y convertirse en otra emoción embotellada. Dependiendo de lo que sea, esto puede llevar semanas o años. Siéntelo, aprende de él y deshazte de él.

- **Detén el juego de la culpa**

Cuando culpas a otros, incluso si tienes todas las razones para hacerlo, eres un participante pasivo en lo que te sucedió. Te hace adoptar una mentalidad de víctima, lo que es muy desalentador. Vivir con este tipo de mentalidad puede significar sentir pena por ti mismo y no te permite poder recuperar el control de tu vida.

- **No te detengas en el pasado**

Las personas pueden pasar meses y años reviviendo un recuerdo doloroso, cuando su pareja se fugó con su mejor amigo, cuando murió su hijo, cuando fueron humillados en público, pero no hay necesidad de analizar tales recuerdos durante años; nada cambiará lo que pasó. Buscar ayuda profesional, generalmente acelera el proceso de la sanidad.

- **Enfócate en el presente o el en futuro, no en el pasado**

Cuando sueltas el pasado, eres libre de concentrarte en el presente o el futuro. Esto no significa que olvidarás lo que le sucedió, pero no te preocupes. En lugar, de trata de ignorar los eventos pasados, reconócelos y déjalos ir. Esto es importante porque cuando dejas de abarrotar tu cerebro con recuerdos del pasado, creas espacio para nuevas experiencias y personas.

- **Perdónate a ti mismo**

¿Por qué a menudo nos resulta más fácil perdonar a los demás que perdonarnos a nosotros mismos? Perdonarse es admitir que no eres perfecto; si hay algo que no deberías haber hecho, o haber dicho, pero no lo hiciste, al menos lo sabrás mejor la próxima vez.

Sin embargo, la ira y el dolor debido a algo que has experimentado son a veces tan abrumadores que es imposible simplemente dejarlos ir. En ese caso, la ira debe reconocerse e ir por un proceso para cerrar esa etapa.

Fantasear con la venganza a veces puede ayudar, pero la venganza en sí misma no es una solución. Y mientras sueñas con eso, permanecerás atrapado en el pasado.

Antes de que logres la sanidad, debes perdonarte a ti mismo por el rol jugado en lo sucedido. Entonces, en lugar de pensar en lo que DEBERÍAS haber hecho o cómo podrías haber evitado el incidente, acepta la dolorosa realidad e intenta superar todo el episodio.

Si bien no debes detenerte en el pasado y recordar las dolorosas memorias al revivir el incidente, tampoco debes intentar olvidarlo. Eso en realidad no hará que desaparezca; simplemente se almacenará en algún lugar de tu subconsciente, esperando que regrese y te atormente nuevamente.

La inteligencia emocional puede ayudarte a lidiar con lo que sucedió al procesar los recuerdos dolorosos y expresarlos de una manera que traerá liberación emocional.

Día 19

Manipulación Emocional

¿Son manipuladoras las personas emocionalmente inteligentes?

Con un mayor nivel de inteligencia emocional, las personas se vuelven muy buenas para percibir y manipular las emociones, tanto sus propias emociones como las de los demás. En un sentido positivo, esto significa que pueden captar lo que está sucediendo e intervenir a tiempo para evitar que un accidente, incidente o problema se agrande más de lo debido.

Sin embargo, ser capaz de sentir y manejar las emociones de otras personas e influir en su forma de pensar y comportarse tiene un lado oscuro.

En el lugar de trabajo, aquellos con altos niveles de inteligencia pueden administrar fácilmente a los miembros de sus equipos. Son buenos para construir y mantener relaciones profesionales con sus colegas, socios comerciales o clientes. Su fuerza clave son las habilidades excepcionales de las personas.

Sin embargo, como todos sabemos, las emociones pueden ser una herramienta muy poderosa para aquellos que saben cómo nutrirlas o manipularlas.

Las personas emocionalmente inteligentes pueden "leer" a otros fácilmente, especialmente si los han conocido por algún tiempo. Ser consciente de las debilidades, preferencias, rasgos de carácter, vulnerabilidades o problemas personales de otra persona puede, en manos equivocadas, convertirse en una herramienta muy poderosa o en un arma con la que obtienes lo que deseas.

Por ejemplo, cuando sabes que alguien está nervioso por una presentación que tiene que hacer, interrumpirla mientras habla puede hacer que parezca que no está preparada o que es tonta. Hay muchas formas sutiles de avergonzar a alguien o exponer sus vulnerabilidades en público si sabes que les molesta. Y ser consciente de los problemas en la vida privada de alguien es potencialmente muy peligroso en un entorno hostil o competitivo.

Entonces, en teoría, la inteligencia emocional puede usarse para manipular a otros para lograr el efecto deseado, al hacer que alguien parezca menos competente que tú, indirectamente promoviéndote a ti mismo.

Estas personas pueden ser destructivas para el espíritu de equipo de una organización, y aunque a menudo quedan expuestas a lo que son, esto generalmente no es fácil porque simplemente pueden manipular para salir de los problemas.

Por otro lado, cuando alguien logra resultados extraordinarios gracias a su alta inteligencia emocional, a menudo es a expensas de los demás. Por lo tanto, si estás en condiciones de influenciar en los demás y sabes que tienes una gran inteligencia emocional, trabaje para asegurarse de que nunca use tu don para lastimar a otros involuntariamente; intenta ser empático, ya que eso te impedirá aprovecharte de alguien.

Protégete de la manipulación emocional

Cada vez que interactúas con otros, corres el riesgo de ser manipulado. Especialmente si eres empático, porque algunos podrían tratar de aprovechar tu amabilidad. Por otro lado, al ser empático, también debes ser bueno para captar las vibras de las personas con las que interactúas, y esta suele ser una buena manera de saber cuánto puedes confiar en alguien.

Para dejar de ser explotado emocionalmente, trata de aprender sobre el poder del campo de energía de uno y cómo y por qué debes protegerte.

<u>7 consejos sobre cómo proteger tu campo de energía de la explotación emocional:</u>

1) **Confía en tu instinto**

Estar alerta si tienes un mal presentimiento con alguien, incluso si no estás seguro de por qué te sientes así.

2) **Mantenga un registro escrito de sus comentarios/peticiones/sugerencias**

Esto se aplica solo a una situación laboral, y es particularmente eficaz si puedes hacerlo que te envíen algo por escrito, como una solicitud por correo electrónico para ir a algún lugar o hacer algo.

3) **Evítalos tanto como puedas**

A veces, cuando te identifican como una "víctima" adecuada para la manipulación, puede que no sea fácil alejarse de esta persona. Especialmente si planearon cuidadosamente su trampa y primero se hicieron amigos de ti.

4) Evita ser demasiado amigable con aquellos que no conoces bien

Aunque esto parezca paranoico, trate de no abrirse demasiado frente a personas que no conoce, al menos hasta que las conozca mejor, especialmente si parecen demasiado ansiosas por convertirse rápidamente en tu mejor amigo.

5) Aumenta tu vibra

Si se da cuenta de que has sido atrapado o arrinconado por alguien con motivos ocultos, intenta aumentar tu poder personal aumentando tus vibras. La forma más fácil de hacer esto es permanecer tranquilo y presente, lo que puedes hacer a través de la meditación o pasando más tiempo en la naturaleza.

6) Si es que caes en la trampa

Si se sabe que alguien con quien trabajas o vives, disfruta jugando con las emociones de los demás, sé mentalmente fuerte y no permitas que obtengan lo que quieren; verte sonrojar, llorar, hacer una escena o gritarte. Después de varios intentos, se aburrirán o se darán cuenta de que eres un hueso duro de roer y pasarán a otra persona.

7) Usa el amor propio para protegerte

Si tienes que lidiar con un manipulador a diario, aumenta su moral dándote un diálogo interno positivo todos los días. Puedes hacer esto con afirmaciones, o leyendo citas inspiradoras y textos espirituales que han resistido la prueba del tiempo.

La mejor manera de detectar y evitar posibles manipuladores, y de protegerte de la explotación emocional, es entender cómo operan. La manipulación emocional gira en torno a jugar con las vulnerabilidades de los demás y obtener una ventaja sobre ellos.

La explotación emocional puede ocurrir en cualquier lugar y no se limita al lugar de trabajo.

8 trucos que los manipuladores usan para aprovecharse de ti:

1) El juego del miedo

Esta es probablemente una de las tácticas más comunes que utilizan los manipuladores, y es más probable que se aplique en aquellos que son fáciles de asustar y de hacer que pierdan el equilibrio. Por lo general, se trata de personas que por alguna razón son más vulnerables que otras: personas solitarias, recientemente divorciadas, desempleadas, deprimidas, con problemas de salud o problemas personales, o con poca confianza en sí mismas.

2) Engañan

Lo hacen, ya sea reteniendo información importante, para que descubras solo cuando es demasiado tarde para hacer algo al respecto, o al darte intencionalmente solo partes y piezas, en lugar de la historia completa, por lo que cuando logras poner todas las piezas juntas, tu oportunidad de actuar puede haberse perdido. Esto generalmente se hace para obtener una ventaja sobre los demás asegurándose que descubran algo mucho más tarde que el manipulado.

3) Se aprovechan cuando estás de buen humor

Si acabas de escuchar buenas noticias o te sientes particularmente feliz, es mucho más probable que digas "sí" a las cosas que normalmente quieres reflexionar primero. A veces, calculan los favores que les piden a las personas cuando es más probable que estén de acuerdo. Aprende a controlar tus emociones; no siempre es seguro dejar que todos sepan cómo te sientes.

4) Te atrapan con favores

Una vez que les debe, queda atrapado, a veces de por vida. Todos conocemos personas que no solo gustosamente harán algo por ti (incluso si son las últimas personas que estarían de acuerdo) sino que en realidad te acosarán, ofreciéndote favores que ni siquiera necesitas. Puedes estar seguro de que, en poco tiempo, te pedirán que devuelvas el favor.

5) Ventaja Territorial

A veces, un manipulador puede tratar de intimidarte para que aceptes sus términos organizando una reunión en un entorno donde es más probable que se sientan "en casa". Puede ser su hogar, su club, su oficina, en algún lugar donde probablemente te sientas fuera de lugar.

6) Preparan su trampa con cuidado

La mayoría de las personas prefieren hablar de sí mismas que escuchar a los demás. Los manipuladores usan esto para averiguar todo lo que puedan sobre usted, para saber cómo pueden usarlo. Y mientras te sientes feliz de haber conocido a alguien que está tan interesado en ti, el manipulador está recopilando información sobre tu situación familiar, problemas personales, relaciones, contactos útiles, etc. Ten cuidado con lo que reveles sobre ti mismo a aquellos que no conoces bien o que parecen demasiado interesados en tu vida, hábitos y rutinas.

7) Usan lenguaje corporal para intimidarte

Para intimidarte y hacer que aceptes algo, el manipulador puede optar por pararse demasiado cerca de ti, a balancearse sobre ti si estás sentado o si son mucho más altos que tú, usan una voz grave o te miran fijamente para distraerte. Si alguien intenta hacerte esto, es mejor no responder a su demanda de inmediato. En cambio, espera unos momentos mientras te recompones antes de responder.

8) Te dan muy poco tiempo para tomar una decisión

Una de las formas más fáciles de obligar a alguien a hacer lo que normalmente no haría, es no darles suficiente tiempo para pensar las cosas. Al apresurarte o al fingir que una decisión debe tomarse con urgencia, esperan que aceptes lo que te pidan. Si es posible, nunca aceptes ser intimidado para tomar una decisión apresurada.

Día 20

Pautas para convertirse en un mejor oyente, paso a paso

Comunicación verbal

Cuando sepas lo que se necesita para ser bueno escuchando, verás que no es sorprendente que muy pocas personas lo sean. Todos tenemos problemas, algunos muy serios, y tener a alguien con quien hablar es a veces todo lo que necesitas para ver la luz al final del túnel.

Sin embargo, en el mundo cada vez más estresante en el que vivimos, se necesita mucha energía para hacer frente, por lo que muchas personas simplemente se niegan a invertir su energía y tiempo en escuchar los problemas de otras personas, o simplemente no les importa.

Las buenas habilidades auditivas lo ayudarán no solo a desarrollar una alta inteligencia emocional, sino que facilitarán la lectura entre líneas y escuchar incluso cosas que no se dice. Cuando escuchas atentamente, a veces puedes aprender accidentalmente detalles sobre personas que de otro modo no habrías conocido.

La razón principal por la que los buenos oyentes no son comunes, es que se requiere mucho más que empatía.

¿Cómo desarrollar buenas habilidades auditivas?

- **Estar presente**

Cuando escuches a alguien, trata de concentrarte en lo que está hablando, en lugar de desconectarte para pensar en tu propia lista de tareas pendientes. La persona que habla contigo notará si estás allí o si no le estás prestando atención. Al escuchar atentamente a alguien, demuestras que lo respetas lo suficiente como para querer dedicarle algo de tu tiempo y muestras interés en lo que tiene que decir. No los interrumpas mientras hablan, pero haz preguntas para aclarar lo que acaban de decir o para pedirles que te cuenten más.

- **Presta atención**

Puede hacer esto manteniendo el contacto visual. Por esta razón, es mejor sentarse frente a la persona con la que está hablando, en lugar de estar al lado de ellos. Además, ocasionalmente demuestra que estás entendiendo de qué están hablando asintiendo con la cabeza o diciendo "Sí", "Ya veo", "Mmmm", y así sucesivamente. Esto, por supuesto, no tiene que significar que estás de acuerdo con lo que están diciendo, pero les ayuda a continuar porque estas señales muestran que estás con ellos.

- **Ser paciente**

Algunas personas hablan mucho pero no llegan al grano, otras eligen sus palabras con cuidado, mientras que otras hablan demasiado rápido. Escuchar atentamente no siempre es fácil, y en realidad puede ser agotador, pero una vez que la gente vea que estás concentrado en lo que están diciendo, se relajarán y comenzarán a hablar de manera más coherente y abierta. También depende de lo que se esté discutiendo. Algunos temas no son fáciles de hablar, y puede optar por hablar con ellos sobre otra cosa primero para que se relajen un poco antes de abordar un tema más delicado. También está el tema de la cultura. En la cultura occidental, las personas tienden a ir al grano. En el Medio Oriente y África, sin embargo, nunca abordes un tema directamente.

- **Tener una mente abierta**

Si ya tienes una opinión de la persona con la que estás hablando, ser imparcial será más difícil. Si no conoces a la persona, pero hace cosas que odias o vive un estilo de vida que desapruebas, tendrás que esforzarte mucho para mantener la mente abierta sobre lo que se está discutiendo. En otras palabras, intenta escuchar sin juzgar.

- **Lenguaje corporal**

Las habilidades de comunicación no verbal a veces son incluso más importantes que la comunicación verbal, porque muestran cómo nos sentimos realmente acerca de la persona con la que estamos hablando. Por ejemplo, trate de evitar cruzar los brazos sobre el pecho, balancear las piernas con aburrimiento, mirar por la ventana, mirar su reloj o revisar los mensajes en su teléfono celular mientras la otra persona está hablando. Siéntate frente a ellos, asintiendo ocasionalmente mientras sonríes o pareces triste, lo que sea apropiado.

No olvides que el aburrimiento o la irritación se muestran fácilmente en la cara, así que no pienses que puedes fingir que estás realmente interesado en ellos y, de hecho, no puedes esperar a que termine la reunión para que puedas tomar una taza de café y llames a casa para ver si tu hija terminó su tarea escolar. Cuando eres positivo acerca de la vida, tiendes a estar más dispuesto a escuchar a los demás y a comprometerte con ellos en un nivel más profundo. Además, si lo que dicen te sorprende o disgusta, trata de no mostrarlo, ya que eso podría evitar que continúen. Evita tener contacto físico, a menos que ambos provengan de la misma cultura en la que se acepte tocar el brazo o dar palmaditas en la espalda. Observa su expresión facial: trata de no parecer aburrido, sorprendido, disgustado o enojado.

- **Enfático**

Los verdaderos empáticos pueden sentir fácilmente la motivación incluso de las personas con las que no están de acuerdo, y compartirán fácilmente su felicidad o dolor. Independientemente de cuál sea tu trabajo, en muchas ocasiones tendrás que tratar con personas con las que simplemente no puedes verle la cara. Aunque muchas personas optarían por mantenerse alejadas de aquellos con quienes no están de acuerdo, las personas emocionalmente inteligentes no tienen problemas para interactuar con esas personas. La empatía es universal y se aplica incluso a tus enemigos.

- **Resolver problemas**

No interrumpas a las personas mientras hablan, excepto tal vez para hacer preguntas que los motiven a continuar. Tampoco debes ofrecer soluciones a sus problemas, a menos que te pidan consejo. En muchos casos, todas las personas necesitan alguien con quien hablar, no alguien que les diga qué hacer.

Además, cuando a alguien finalmente se le da la oportunidad de hablar con alguien, de repente puede ver la solución a su problema. Aunque puedes pensar que estás ayudando a alguien al ofrecer respuestas, es mucho mejor si resuelven cuál sería la mejor solución. Si lo haces por ellos, les estás quitando su poder. Incluso puedes ser visto como alguien que cree que sabe lo que es mejor para los demás. Siempre debes alentar a las personas a resolver sus propios problemas.

Comunicación No-Verbal

Hay muchas formas sutiles de comunicarse de manera no verbal, las más comunes son con los ojos, la voz y el tacto.

7 tipos más comunes de comunicación no verbal:

1) Expresiones faciales

Estos son generalmente sentimientos universales de felicidad, tristeza, enojo, miedo, sorpresa, etc., generalmente son los mismos en todas las culturas.

2) Postura corporal

La forma en que nos sentamos, caminamos o asentimos con la cabeza dice mucho de nosotros, aunque muy pocas personas son conscientes de ello.

3) Gestos

Estos varían según las culturas, y se debe tener especial cuidado si se usa con una audiencia de diferentes culturas; lo que es normal en un país podría considerarse muy grosero en otro.

4) Contacto visual

Este es probablemente el aspecto más importante de la comunicación no verbal. Sus ojos muestran claramente interés, afecto, hostilidad, miedo, etc. El contacto visual es muy importante en las reuniones personales, pero en algunas culturas, no mirar a la persona a los ojos es en realidad una señal de respeto.

5) Tacto

Esto puede ser un apretón de manos, un abrazo, una palmada en la cabeza y varios otros tipos de contacto o abrazarse. El tacto es una forma de comunicación muy poderosa y reveladora y varía según las culturas.

6) Espacio personal

El espacio físico mínimo que necesita para sentirse cómodo con los demás es diferente en todo el mundo, pero en general, acercar la cara demasiado a la de otra persona se considera amenazante o demasiado íntima, por lo que a menudo se usa para indicar dominio o afecto.

7) Tono de voz

Lo que dices es tan importante como la manera como lo dices. Además de escuchar sus palabras, las personas a menudo leen la tonalidad, el volumen y el tono de tu voz. Una voz muestra fácilmente confianza, enojo o nerviosismo.

La escucha activa requiere mucha práctica y es una habilidad esencial para cualquier persona en contacto con personas; Sin embargo, es una habilidad aprendida.

Muchas señales de comunicación no verbal son parte de una cultura o un medio social, y generalmente las aprendemos a medida que crecemos.

La comunicación no verbal es importante para una interacción exitosa porque nos permite ver o sentir el estado emocional de la persona con la que estamos hablando: ¿están tensos, enojados, relajados, asustados?

Además, muchas señales de comunicación no verbal nos ayudan a reforzar el mensaje que estamos enviando o a establecer una relación particular con otra persona. Al mismo tiempo, el hablante puede ver cómo sus palabras están afectando a aquellos con quienes está hablando, para sentir si están conmocionados, entretenidos o preocupados. Entonces, la comunicación no verbal proporciona retroalimentación mutua.

Día 21

Uniendo todas las piezas

Lecciones aprendidas

¿Qué has aprendido de este libro?

El desafío de 21 días tenía como objetivo resaltar la importancia de la empatía y la autoconciencia para las buenas relaciones, el éxito profesional y el bienestar mental.

¿Cúal es el siguiente paso?

Si disfrutaste este libro y sientes que es algo sobre lo que te gustaría aprender más, averigua cuál es tu nivel de inteligencia emocional. Puedes descargar pruebas gratuitas de Internet o puedes asistir a un curso. Una vez que sepas dónde te encuentras, haz una lista de las habilidades que sientas que te faltan o deseas mejorar.

Paso 1

Para beneficiarte plenamente de este libro, debes encontrar una manera de practicar estas habilidades. Como la inteligencia emocional se trata principalmente de relaciones, deberás pedirle a tus amigos o familiares que te permitan practicarlas. Lo ideales que debes comenzar a aplicar los principios de la inteligencia emocional en tu vida diaria, como cuando hablas con tus colegas, cuando alguien necesita un hombro para llorar, cuando intentas resolver un conflicto dentro del equipo o cuando se ríen de ti por tus creencias.

Como se requiere inteligencia emocional en casi todos los aspectos de tu vida, habrá muchas oportunidades en las que podrás comprobar si tus habilidades con las personas han mejorado.

La práctica es muy importante, pero también lo es la retroalimentación sincera. No podemos vernos a nosotros mismos como nos ven los demás, así que piensa en alguien en cuyo juicio confías para decirte lo que piensa de ti. Esa es la mejor manera de saber cómo te va y en qué necesitas trabajar.

Paso 2

Has una lista de todas las habilidades emocionales que sientes que necesitas para tu trabajo actual, o para el trabajo que te gustaría tener algún día, e intentes imaginar el rol deseado. O, de todas las habilidades mencionadas en este libro, identifica tres con las que sabes que te resulta más difícil, como escuchar atentamente, hablar con atención o pensar antes de hablar, y concéntrate en desarrollarlas durante los próximos treinta días.

Aunque todos podemos beneficiarnos de mejorar nuestras habilidades de inteligencia emocional, en algunas profesiones son absolutamente necesarias y podrían ser parte de tu curriculum.

Entonces, ¿cómo saber en qué habilidades tienes que trabajar más?

Si sabes que eres impaciente, probablemente no seas bueno escuchando. Si hablas mucho, probablemente digas cosas sin pensar. Si estás orgulloso de ti mismo por no tener miedo de decir lo que piensas, independientemente de con quién hables, ocasionalmente puedes decir cosas que no deberías.

La inteligencia emocional es una herramienta clave para mejorar las relaciones. Si eres una persona amable, desarrollarás fácilmente nuevas habilidades o mejorarás en las que ya eres bueno. No olvides que no se aprende la inteligencia emocional en un curso de 5 días, es un proceso que dura toda la vida.

Paso 3

- Para avanzar, crea un Plan de acción de inteligencia emocional. Haz una lista de las habilidades que necesitas desarrollar y las que necesitas mejorar. Puede ser algo así como un análisis FODA. Piensa en los medios u oportunidades que tendrás en el trabajo (o en casa) para practicar las habilidades que consideres cruciales para el trabajo en el que te encuentras.
- La inteligencia emocional es útil en todas las esferas de nuestras vidas, y puedes aplicar tus principios casi en cualquier lugar y bajo cualquier circunstancia. Entonces, a partir de mañana:

  Cuando le preguntes a tu pareja o amigo cómo le fue su día en el trabajo, trata de estar genuinamente interesado y escucha lo que dicen. Si estás demasiado cansado para escuchar el día de trabajo de tu compañero, es mejor no preguntar que pretender estar escuchando mientras tu mente está a kilómetros de distancia, pensando en tu propio día en el trabajo.

- La próxima vez que conozcas a una amiga y ella comience a contarte los problemas de salud que tiene su madre, observa tu lenguaje corporal, tono de voz y contacto visual, y muestra interés genuino o cambia de tema: tu aburrimiento se nota.
- Cuando tu jefe te llame a su oficina para decirte que ha habido varias quejas sobre ti de algunos clientes importantes, no lo tomes como algo personal; en su lugar, trata de comprender qué pudo haber causado esas quejas.

Paso 4

Perfecciona tu plan de acción dividiéndolo en habilidades individuales que creas que necesitas mejorar y crea un desafío semanal o mensual sobre cómo desarrollar esas habilidades:

- ¿Cómo mejorarías la forma en que maneja sus sentimientos, si sabes que tienes mal genio, o no te gusta que te desafíen, o si tiendes a tomar incluso la más mínima crítica personalmente? ¿Cómo comenzarías a cambiar estos patrones de comportamiento?
- ¿Cómo conseguirías empezar a hablar conscientemente si hablas mucho y a menudo dices cosas sin pensar?

- ¿Cómo mejorarás tus habilidades de escuchar cuando sabes que te resulta aburrido escuchar a otras personas?
- ¿Cómo puedes ser más abierto a los comentarios?
- Si eres tímido por naturaleza, ¿cómo reunirías el coraje para defender lo que crees?
- Si eres conocido como una persona vengativa y despiadada, ¿cómo trabajarías para ser más indulgente?
- Si eres un empático del que la gente se aprovecha a menudo, ¿cómo te asegurarás de protegerte de los manipuladores emocionales?

Todas estas habilidades requieren práctica repetida, que puedes hacer con amigos o familiares.

Verás tu progreso cuando recibas tu evaluación de desempeño, porque la inteligencia emocional es definitivamente algo que la gente notará y debe reflejarse en tu evaluación. Fuera del trabajo, tus amigos o familiares se darán cuenta de los cambios en tu comportamiento. Tus comentarios honestos pueden ayudarte a ser aún mejor.

Inteligencia emocional en niños

La inteligencia emocional puede ayudarte a mejorar tus relaciones, autoconocimiento y sensibilidad al tratar con otros. Requiere un aprendizaje de por vida, y cuanto antes comiences, mejor.

Cuando se trata de niños, es mejor si cultivas estas habilidades desde una edad temprana. Hoy, se espera que todos, incluidos los niños, sean buenos en el manejo de diferentes relaciones. Esto significa que para poder adaptarte con éxito al constante cambio en el que vivimos y trabajamos, los niños deben comenzar a practicar los principios básicos de la filosofía de la inteligencia emocional incluso antes de comenzar la escuela.

Aquellos que aprendan estas habilidades a una edad temprana les resultará mucho más fácil adaptarse al mundo de alta tecnología, alta velocidad y diversidad cultural del siglo XXI. Al ayudar a los niños a desarrollar empatía y sentido de identidad, los estás preparando para el centro de trabajo del mañana.

Hay muchas formas diferentes de hacer esto, pero es más fácil si estas estrategias se incorporan gradualmente a tus rutinas diarias. Mucho de esto se puede hacer a través de dramatización de roles y juegos.

4 formas de fomentar la inteligencia emocional en los niños:

- **Sé como quieres que sean tus hijos**

Sé su modelo a seguir. Compórtate, habla y actúa de la manera que esperas.

- **Reconoce las emociones positivas y negativas en tu hijo.**

Aprende a reconocer diferentes emociones en tus hijos y diles que está bien estar triste, enojado o herido. Enséñales a resolver conflictos y aliéntalos a expresar abiertamente amor o tristeza.

- **Anima a tus hijos a aceptar y expresar sus emociones.**

Los niños deben sentirse libres de hablar sobre cómo se sienten y por qué. Pero solo lo harán si creas un entorno en el que te sientas seguro abrirte. Nunca los castigue por algo malo que le han dicho o han hecho, porque pueden aprender que no siempre vale la pena ser sincero.

- **Ser Realista**

No esperes resultados de la noche a la mañana. Este es un proceso de aprendizaje permanente. La inteligencia emocional es un signo de madurez emocional, así que ajusta tus expectativas a tu edad.

4 habilidades para cultivar en niños:

- **Empatía**

¿Puede tu hijo ver y relacionarse con el dolor o la felicidad de otra persona? ¿A veces lloran por los demás? ¿Sienten pena si un amigo pierde algo o cuando ven un pájaro muerto en el parque? Para enseñar a sus hijos a ser empáticos con los demás, debes ser un ejemplo perfecto de cómo deben comportarse. No intentes simular empatía si realmente no la sientes. Los niños son mucho más inteligentes de lo que pensamos; si finges, ellos también lo harán.

- **Expresiones**

Los niños a menudo expresan sus sentimientos de maneras socialmente inaceptables, como gritar o llorar. Si intentas detenerlos, estás evitando efectivamente que expresen sus sentimientos, lo que interfiere indirectamente con su desarrollo.

Cuando gritan o lloran, todo lo que hacen es desahogar sus emociones. Se cree que evitando que expresen sus emociones de esta manera, las expresarán de otra manera quizás más violenta, conversando un hermano o con el perro, o ser destructivo.

- **Habilidades auditivas**

Estar cerca de niños puede ser muy agotador: hacen un millón de preguntas, hablan sin parar y anhelan atención todo el tiempo. Si está ocupado, agotado o simplemente no estás de humor y les pide que se callen o los ignoren, está enviando un mensaje muy equivocado. Para convertirse en una persona emocionalmente inteligente, un niño debe recibir toda tu atención siempre que lo necesite.

- **Solución de problemas**

Los padres a menudo se apresuran a ayudar a sus hijos con cualquier problema que puedan tener. Sin embargo, esto los hace dependientes de otros para resolver sus problemas. Para nutrir su inteligencia emocional, aliéntelos a encontrar soluciones por su cuenta. Pueden luchar, pueden enojarse o incluso llorar si se niega a ayudarlos, pero cuando logran hacerlo bien, aumentarán su confianza y los ayudará a convertirse en adultos independientes y responsables.

Inteligencia emocional en adolescentes

Un alto coeficiente intelectual en un niño ya no es lo que más les preocupa a los padres. Hoy, se les anima a prestar mucha más atención al bienestar emocional de sus adolescentes. Lo hacen ayudándoles a desarrollar la autoconciencia y a manejar sus emociones, así como a aumentar su confianza a través de estímulos y elogios permanentes.

Los adolescentes son adultos jóvenes cuyos cerebros aún se están desarrollo, por lo cual, los signos de una fuerte inteligencia emocional no siempre son consistentes. Sin embargo, la pista principal es qué tan bien un adolescente maneja sus emociones.

8 rasgos de adolescentes emocionalmente inteligentes:

- **Están interesados**

Los adolescentes emocionalmente inteligentes están interesados en el mundo que los rodea. Tienen curiosidad por la vida y quieren saberlo todo.

- **No se preocupan demasiado por cometer errores.**

Aceptan que cometer errores es parte de la vida. No se detienen en los errores o daños del pasado, y esta es una buena señal de resiliencia y la capacidad de superar los desafíos.

- **Tienen una mentalidad positiva**

Generalmente se centran en lo que son buenos, en lugar de en sus debilidades.

- **Ellos controlan sus emociones**

Los adolescentes emocionalmente inteligentes comprenden el poder que conlleva controlar y manejar sus emociones. Entienden que su felicidad y éxito están en sus propias manos.

- **Saben distinguir las diferentes energías en su entorno**

Los adolescentes emocionalmente inteligentes reconocen a aquellos que aumentan o agotan sus niveles de energía, así como a aquellos que crean vibras negativas.

- **Aceptan el cambio**

No temen al cambio, al contrario. Pueden adaptarse fácilmente a una nueva situación o circunstancia.

- **No guardan rencor**

Los adolescentes emocionalmente inteligentes son generalmente rápidos para olvidar y seguir adelante después de un incidente.

Conclusiones

Puede llegar un momento en que comiences a tener una sensación de molestia que simplemente no estás enfrentando y para los tiempos difíciles en los que vivimos, necesitas aprender nuevas habilidades.

Es posible que te falten las habilidades necesarias para la industria en la que trabajas, o simplemente te preguntas cómo mejorar tus relaciones, tanto dentro como fuera del trabajo.

Una de esas habilidades sin las cuales será muy difícil vivir en el mundo confuso y cambiante del siglo XXI es la inteligencia emocional.

Tal vez sea esa sensación vaga e irritante lo que te llevó a este libro. O tal vez escuchaste sobre la inteligencia emocional de un amigo. Quizás acabas de toparte con él mientras buscabas en Internet.

Cualquiera sea el caso, generalmente te atrae algo por una razón. Al igual que nos sentimos atraídos por los aromas que nos hacen sentir de cierta manera, por las personas con las que nos sentimos cómodos, o por los libros con personajes identificables, puede estar buscando inconscientemente una forma de mejorar tus habilidades interpersonales.

Incluso si eliges este libro sin tener idea de qué es la inteligencia emocional, el hecho de que lo hayas leído demuestra que estás interesado en aprender a manejar tus emociones y mejorar tus habilidades de comunicación.

Esperamos que después de leer el libro, comprendas por qué las personas con mayor inteligencia emocional tienen una mejor oportunidad de tener éxito profesionalmente y sentirse más realizados personalmente.

Una vida plena incluye una combinación de logros profesionales y personales; y saber cómo entender, controlar y usar tus emociones te ayudará a lograr ambos logros.

Tu camino hacia el éxito depende de muchas cosas, pero principalmente de qué tan bien te las arreglas para navegar por la vida. El desarrollo de la inteligencia emocional puede ayudarte a mantener el rumbo.

Esperamos que hayas disfrutado del Reto de 21 Días, y que este sea solo el comienzo de tu viaje de autodescubrimiento.

¡Gracias!

Antes de que te vayas, solo quería agradecerte por comprar mi libro.

Podrías haber elegido entre docenas de otros libros sobre el mismo tema, pero elegiste este.

Entonces, MUCHAS GRACIAS a ti por comprar este libro y por leer hasta el final.

Ahora, quiero pedirte un pequeño favor. ***¿Podrías por favor considerar publicar una reseña? Las revisiones son una de las formas más fáciles de apoyar el trabajo de autores independientes.***

Esta retroalimentación me ayudará a seguir escribiendo este tipo de libros que te ayudarán a obtener los resultados que deseas. ¡Si lo disfrutaste, házmelo saber!

Por último, no olvides obtener una copia de tu libro de bonificación gratuito "*Bulletproof Confidence Checklist.*". Si quieres aprender a superar la timidez y la ansiedad social y tener más confianza, este libro es para ti.

Puedes ir a: https://theartofmastery.com/confidence/

www.ingramcontent.com/pod-product-compliance
Lightning Source LLC
Chambersburg PA
CBHW071951260326
41914CB00004B/783
9781087848433